Entre nós 2

Método de Português para Hispanofalantes

Livro do Aluno

Nível B1

Autora
Ana Cristina Dias

Direção
Renato Borges de Sousa

Lidel – Edições Técnicas, Lda.

AGRADECIMENTOS

A Mark Loquan pelo apoio dado nas diferentes fases de elaboração deste projeto.
A Isabel Ruela pela disponibilidade e incentivo.
Aos autores dos textos reproduzidos neste volume.
Aos jornais e às revistas mencionados ao longo deste livro pela autorização da reprodução de textos, crónicas e artigos.
À Câmara Municipal de Torres Vedras e a Rui Penetra pela cedência das fotografias do Carnaval de Torres.
Ao Banco Millenium BCP pela cedência das fotografias de João Garcia.
A Reinaldo Rodrigues pelas fotografias de Camané.

A **Lidel** adquiriu este estatuto através da assinatura de um protocolo com o **Camões – Instituto da Cooperação e da Língua**, que visa destacar um conjunto de entidades que contribuem para a promoção internacional da língua portuguesa.

EDIÇÃO E DISTRIBUIÇÃO
Lidel – Edições Técnicas, Lda.
Rua D. Estefânia, 183, r/c Dto. – 1049-057 Lisboa
Tel: +351 213 511 448
lidel@lidel.pt
Projetos de edição: editoriais@lidel.pt
www.lidel.pt

LIVRARIA
Av. Praia da Vitória, 14 A – 1000-247 Lisboa
Tel: +351 213 511 448
livraria@lidel.pt

Copyright © 2010, Lidel – Edições Técnicas, Lda.
ISBN edição impressa: 978-989-752-383-0
1.ª edição impressa: outubro 2010
2.ª edição com áudio *online*: abril 2019
Reimpressão de junho 2021

Layout e paginação: Elisabete Nunes
Impressão e acabamento: Cafilesa – Soluções Gráficas, Lda. – Venda do Pinheiro
Depósito legal n.º 455057/19

Capa: Elisabete Nunes
Fotos: @Fotolia: estima; RCphotografia; murle; MIMOHE; inacio pires; DX; ATLANTISMEDIA; crimson; ataly; JoLin; Rui Vale de Sousa; serge simo; Cemanoliso; Vincent Duprez, Paulo Pires, Reinaldo Rodrigues, Mark Loquan
Ilustrações: Hauke Vaugt
Fotos: Isabel Ruela, Anita Martin, Maria Luísa Ruela, Gonzalo Lescura Mora, Fumi Nagato, Eward Wong, Carlos Rodrigues, Zélia Dantas, João Pedro Oliveira, Andreia Nunes, Samuel Nunes, Álvaro Valente, Teresa Catarino, Ana Catarina Bicha

Faixas Áudio
Autoria dos Textos: Ana Cristina Dias
Vozes: Ana Dias, Isabel Ruela, Marco Mesquita, Saul Sousa e Silva, Teresa Oliveira
Execução Técnica: Armazém 42

Ⓟ & Ⓒ 2010 – Lidel
Ⓛ SPA

Todos os direitos reservados

Todos os nossos livros passam por um rigoroso controlo de qualidade, no entanto aconselhamos a consulta periódica do nosso *site* (www.lidel.pt) para fazer o *download* de eventuais correções.

Não nos responsabilizamos por desatualizações das hiperligações presentes nesta obra, que foram verificadas à data de publicação da mesma.

Os nomes comerciais referenciados neste livro têm patente registada.

 Reservados todos os direitos. Esta publicação não pode ser reproduzida, nem transmitida, no todo ou em parte, por qualquer processo eletrónico, mecânico, fotocópia, digitalização, gravação, sistema de armazenamento e disponibilização de informação, sítio *Web*, blogue ou outros, sem prévia autorização escrita da Editora, exceto o permitido pelo CDADC, em termos de cópia privada pela AGECOP – Associação para a Gestão da Cópia Privada, através do pagamento das respetivas taxas.

Apresentação

ENTRE NÓS foi elaborado de acordo com o *Quadro Europeu Comum de Referência para as Línguas – Aprendizagem, Ensino e Avaliação*. O método é constituído pelas seguintes componentes: Livro do Aluno, Caderno de Exercícios e Livro do Professor. O material áudio contém diálogos, textos e exercícios de fonética.

ENTRE NÓS 2 contempla o nível B1, destinando-se tanto a hispanofalantes como a alunos que dominem as estruturas básicas da língua portuguesa e sejam proficientes em espanhol.

O Livro do Aluno privilegia atividades lúdicas mediante as quais se promove a interação na sala de aula e uma aprendizagem reflexiva da língua e da cultura.
Cada unidade está estruturada em função de um tema, subdividindo-se em sete secções:

Tudo a Postos? – Introduz o tema da unidade e antecipa os tópicos gramaticais e lexicais em foco.

Bússola Gramatical – Propõe um estudo contextualizado e reflexivo dos conteúdos gramaticais.

Diário Lexical – Inclui textos com vocabulário relacionado com o tema em foco. Inclui provérbios e expressões idiomáticas de uso corrente.

Entre Nós – Estimula a reflexão intercultural e apresenta tópicos culturais diversificados.

Cofre de Sons e Letras – Centra-se na fonética e na ortografia.

Itinerário – Apresenta um conjunto de atividades relacionadas com o tema central, visando a execução de tarefas comunicativas nas quais o aluno fará uso do que aprendeu ao longo da unidade.

Retrospetiva – Possibilita a revisão dos conteúdos gramaticais e/ou lexicais mais pertinentes.

Portefólio
Tal como nos níveis anteriores, o **portefólio** contém propostas de reflexão sobre o processo de aprendizagem e tarefas de escrita relacionadas com o tema da unidade.

Ana Dias

Índice

0 Bem-vindo! — Domínios: privado e educativo — Tema: Línguas — pg. 11

Competência pragmática	Competência linguística			Dimensão cultural
Discursiva / Funcional	Gramatical	Lexical	Fonológica / Ortográfica	
Apresentar-se Trocar informações pessoais Aconselhar Dar sugestões Relacionar factos no tempo Falar de objetivos e preferências Debater estratégias de estudo Elaborar plano de estudos	Infinitivo pessoal Presente do conjuntivo Revisões	Identificação pessoal Cursos de línguas Características pessoais Competências profissionais	Revisões	*Entre Nós*: O português em números e não só...

Retrospetiva

1 Ser português é... — Domínio: público — Tema: Atitudes e valores — pg. 25

Competência pragmática	Competência linguística			Dimensão cultural
Discursiva / Funcional	Gramatical	Lexical	Fonológica / Ortográfica	
Falar no futuro Expressar dúvida Interpretar convites Comunicar através de gestos Compreender depoimentos Expor opinião	*Ir* + infinitivo *Haver de* + infinitivo Futuro imperfeito do indicativo *Ter de* + infinitivo	Costumes Estereótipos Estilos de vida Iconografia Esquemas interacionais: opinar / exemplificar / referir opiniões gerais	Pronúncia: trava-línguas e lengalengas Ortografia: *e* / *i* *o* / *u*	*Diário Lexical*: Iconografia *Entre Nós*: Personalidades *Itinerário*: Atitudes e valores

Retrospetiva

2 A praxe é dura, mas é a praxe! — Domínio: educativo — Tema: Mundo académico — pg. 39

Competência pragmática	Competência linguística			Dimensão cultural
Discursiva / Funcional	Gramatical	Lexical	Fonológica / Ortográfica	
Falar no futuro Formular hipóteses Comentar textos sobre o mercado de trabalho, as tradições académicas e o sistema educativo Estruturar uma exposição oral	Futuro do conjuntivo Conjunções e locuções Condicionais: *se* + indicativo; *se* + futuro do conjuntivo	Mundo académico Mercado de trabalho Gíria de estudante Expressões idiomáticas Expressões usadas em apresentações	Pronúncia: sons [s] e [z] Ligação fonética entre palavras Ortografia: *s* / *x* / *z*	*Entre Nós*: Tradições académicas - Queima das Fitas de Coimbra

Retrospetiva

3 Portugal em festas. — Domínio: público — Tema: Festas e tradições — pg. 53

Competência pragmática	Competência linguística			Dimensão cultural
Discursiva / Funcional	Gramatical	Lexical	Fonológica / Ortográfica	
Falar de preferências Expressar concessão Falar no futuro Reforçar ideias Compreender notícias e textos informativos Estruturar um texto expositivo	Orações concessivas: *por muito que...* / *quem quer que* + presente do conjuntivo Orações relativas com o futuro do conjuntivo Presente e futuro do conjuntivo em orações concessivas com repetição do verbo	Festas e tradições Provérbios Expressões idiomáticas	Pronúncia: *a*, *e* e *o* em formas verbais	*Diário Lexical*: Carnaval de Torres Vedras *Entre Nós*: Festas populares *Itinerário*: Romarias

Retrospetiva

Atividades			Portefólio	
Compreensão da leitura	Produção oral / Interação oral	Compreensão oral	Biografia linguística	O meu dossier
Texto informativo Testemunhos	Dar e pedir informações Participar num jogo de fonética Comentar testemunhos Debater estratégias de aprendizagem	Diálogo Testemunhos	Reflexão sobre a aprendizagem da língua e da cultura	O meu plano de estudos
Autoavaliação: As minhas competências				

Atividades			Portefólio	
Compreensão da leitura	Produção oral / Interação oral	Compreensão oral	Biografia linguística	O meu dossier
Texto expositivo Reflexões Poema Biografia	Refletir sobre a comunicação verbal e não verbal Explicar provérbios Dar opinião sobre valores e costumes Defender pontos de vista	Diálogo Testemunhos	Comunicação não verbal	Biografia Texto de opinião
Autoavaliação: As minhas competências				

Atividades			Portefólio	
Compreensão da leitura	Produção oral / Interação oral	Compreensão oral	Biografia linguística	O meu dossier
Fórum Texto de opinião Folhetos Página web	Comentar textos Preparar e fazer uma apresentação	Diálogo Apresentação académica	Falar para uma audiência	Texto descritivo Artigo de opinião Carta
Autoavaliação: As minhas competências				

Atividades			Portefólio	
Compreensão da leitura	Produção oral / Interação oral	Compreensão oral	Biografia linguística	O meu dossier
Notícias Textos informativos	Descrever festas e tradições	Diálogo Notícias Texto informativo	Próximos, mas diferentes	Artigo de opinião Relato
Autoavaliação: As minhas competências				

4 Rumos.	Domínio: público		Tema: Emigração / imigração		pg. 67
Competência pragmática	Competência linguística				Dimensão cultural
Discursiva / Funcional	Gramatical	Lexical	Fonológica / Ortográfica		
Expressar opinião Debater pontos de vista Formular hipóteses Expressar desejos, dúvidas e incertezas Compreender e comentar textos sobre o tema Participar num debate	Condicional simples Imperfeito do conjuntivo Condicionais: se + imperfeito do conjuntivo + condicional pretérito / pretérito mais--que-perfeito composto do indicativo	Imigração / Emigração Empréstimos linguísticos Esquemas interacionais: introduzir e relacionar tópicos; expressar consequência / mostrar reservas	Palavras homófonas Acentuação (diferenças entre o português e o espanhol)		Entre Nós: Portugal - Imigração
		Retrospetiva			

5 Oxalá pudesse ir contigo para os Açores!	Domínio: profissional		Tema: Mercado de trabalho		pg. 81
Competência pragmática	Competência linguística				Dimensão cultural
Discursiva / Funcional	Gramatical	Lexical	Fonológica / Ortográfica		
Expressar sentimentos e desejos irreais Expressar dúvida, concessão e finalidade Relacionar factos no tempo Falar ao telefone	Presente *vs* Imperfeito do conjuntivo Conjunções e locuções conjuntivas	Mercado de trabalho Correspondência empresarial Pares idiomáticos Expressões e frases usadas ao telefone	Acentuação (revisões) Caça ao erro		Entre Nós: Açores
		Retrospetiva			

Ponto de Encontro 1 — Pg. 95

6 Até que a morte nos separe?	Domínio: privado		Tema: Família e estilos de vida		pg. 99
Competência pragmática	Competência linguística				Dimensão cultural
Discursiva / Funcional	Gramatical	Lexical	Fonológica / Ortográfica		
Comentar textos informativos Reproduzir discurso Contar uma história Descrever pessoas, relações e modos de agir Expressar sentimentos	Pretérito mais-que--perfeito composto do indicativo Discurso direto / Discurso indireto / Discurso indireto livre	Família Relações pessoais Estilos de vida Comparações idiomáticas	Pronúncia: letra *l* Ligação fonética entre palavras: *l* final + vogal inicial Contraste: *l* / *lh*		Diário Lexical: Pedro e Inês Entre Nós: As novas famílias portuguesas
		Retrospetiva			

7 Notícias de Angola.	Domínio: público		Tema: Atualidade		pg. 113
Competência pragmática	Competência linguística				Dimensão cultural
Discursiva / Funcional	Gramatical	Lexical	Fonológica / Ortográfica		
Compreender e resumir notícias Comentar pontos de vista Expressar opinião Estruturar o discurso Fazer uma apresentação oral	Relativos variáveis Voz passiva (1)	Imprensa Atualidade Geografia Sociedade Economia Meios de comunicação Expressões angolanas	Pontuação: uso da vírgula Entoação e pontuação		Diário Lexical: Luanda Entre Nós: Tempos livres dos angolanos Itinerário: Economia e sociedade
		Retrospetiva			

Atividades			Portefólio	
Compreensão da leitura	Produção oral / Interação oral	Compreensão oral	Biografia linguística	O meu dossier
Testemunhos Reportagem	Argumentar Analisar atitudes e valores Participar num debate: argumentar e contra-argumentar	Entrevista Testemunhos	Em debate	Texto informativo Relato Escrita criativa Artigo de opinião
Autoavaliação: As minhas competências				

Atividades			Portefólio	
Compreensão da leitura	Produção oral / Interação oral	Compreensão oral	Biografia linguística	O meu dossier
Carta de resposta a anúncio Carta de candidatura espontânea Folheto turístico	Interpretar um diálogo Analisar cartas comerciais Responder a questionário Simular conversas ao telefone	Diálogo Ao telefone	"Espanholês" ou português?	Cartas de candidatura
Autoavaliação: As minhas competências				

Revisão 0 – 5

Atividades			Portefólio	
Compreensão da leitura	Produção oral / Interação oral	Compreensão oral	Biografia linguística	O meu dossier
Narrativa Crónica social	Comentar frases Interpretar expressões Analisar intenções comunicativas Simular uma situação de crise familiar	Diálogos	Simulações	Artigo de opinião Comentário
Autoavaliação: As minhas competências				

Atividades			Portefólio	
Compreensão da leitura	Produção oral / Interação oral	Compreensão oral	Biografia linguística	O meu dossier
Notícias Texto de blogue: relato de experiências	Exposição oral	Diálogo Testemunhos	Angola	Escrita criativa: (diálogo) Resumo Texto expositivo
Autoavaliação: As minhas competências				

8 É golo!
Domínio: público **Tema:** Desporto pg. 127

Competência pragmática	Competência linguística			Dimensão cultural
Discursiva / Funcional	Gramatical	Lexical	Fonológica / Ortográfica	
Falar de desporto e eventos desportivos Narrar acontecimentos Comentar artigos de imprensa e opiniões Comentar um jogo de futebol	Particípios duplos Passiva de estado: *estar* + particípio passado Formas impessoais: partícula apassivante *se*; *se* impessoal	Desporto Imprensa desportiva Gíria futebolística Locuções prepositivas	Pronúncia: letra *r* Entoação e pontuação	*Tudo a Postos?* Desporto português *Entre Nós:* Personalidades

Retrospetiva

9 Oi! Tudo bem?
Domínio: público **Tema:** Viagens pg. 141

Competência pragmática	Competência linguística			Dimensão cultural
Discursiva / Funcional	Gramatical	Lexical	Fonológica / Ortográfica	
Expressar causa, modo, condição e concessão Situar no tempo Descrever ações progressivas Dar ordens e fazer pedidos Descrever um país Elaborar uma ementa comentada	Gerúndio simples *Ir* + gerúndio	Geografia Património Tradições Música e dança Sociedade Palavras e expressões do português do Brasil Serviços Religião Gastronomia	Ortografia: uso do hífen - palavras compostas Revisões	*Tudo a Postos?* Brasil *Diário Lexical:* Carnaval *Entre Nós:* Cultura afro-brasileira *Itinerário:* Gastronomia regional

Retrospetiva

10 Em cartaz
Domínios: privado e público **Tema:** Música e espetáculos pg. 155

Competência pragmática	Competência linguística			Dimensão cultural
Discursiva / Funcional	Gramatical	Lexical	Fonológica / Ortográfica	
Relacionar factos no passado Formular hipóteses Expressar desejos Apresentar informações Resumir a partir de notas Fazer uma entrevista	Pretérito mais-que--perfeito composto do conjuntivo Orações condicionais (revisões)	Géneros musicais Álbuns Personalidades Festivais Expressões idiomáticas	Ortografia: palavras derivadas por prefixação	*Tudo a Postos?* Música portuguesa *Diário Lexical:* Música portuguesa das décadas de 80, 90 e 00 *Entre Nós:* Festivais *Itinerário:* Variantes do Fado Camané

Retrospetiva

Ponto de Encontro 2 Pg. 169

Atividades			Portefólio	
Compreensão da leitura	Produção oral / Interação oral	Compreensão oral	Biografia linguística	O meu dossier
Questionário Notícias Textos de opinião (*Twitter*) Crónica desportiva	Comentar eventos Descrever experiências Simulação	Notícias Comentários desportivos	Ouvir, compreender e interagir	Resumo Notícias
Autoavaliação: As minhas competências				

Atividades			Portefólio	
Compreensão da leitura	Produção oral / Interação oral	Compreensão oral	Biografia linguística	O meu dossier
Crónica Relatos de experiências Ementa Receita	Fazer um resumo a partir de notas Preparar uma apresentação oral	Relatos de viagem Relatos pessoais Diálogos Textos informativos	A minha escrita	Resumo *E-mail* Texto expositivo
Autoavaliação: As minhas competências				

Atividades			Portefólio	
Compreensão da leitura	Produção oral / Interação oral	Compreensão oral	Biografia linguística	O meu dossier
Questionário Artigos de opinião	Resumo oral a partir de notas Entrevista (simulação)	Diálogos Testemunhos Textos informativos	Em retrospetiva	
Autoavaliação: As minhas competências				

Revisão 6 – 10

Portefólio: pg. 173   **Glossário *Próximos, mas diferentes*: pg. 185**   **Transcrições: pg. 222**

Unidade 0

Unidade 1

Unidade 2

Unidade 3

Unidade 4

Unidade 5
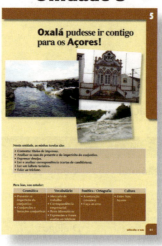

Unidade 6

Unidade 7

Unidade 8

Unidade 9

Unidade 10

Bem-vindo!

Nesta unidade, as minhas tarefas são:

- Falar de mim e conhecer os meus colegas.
- Dar conselhos e sugestões.
- Descrever cursos e professores.
- Falar dos meus objetivos, das minhas preferências e das minhas dificuldades.
- Debater estratégias de estudo.
- Elaborar o meu plano de estudos.

Para isso, vou estudar:

Gramática	Vocabulário	Pronúncia / Ortografia	Cultura
• Infinitivo pessoal • Presente do conjuntivo • Revisões	• Identificação pessoal • Cursos de línguas • Características pessoais • Competências profissionais	• Revisões	• *Entre Nós*: O português em números e não só...

Tudo a postos?

1. Hoje começaram os novos cursos de português. Leia a lista de perguntas que os alunos fizeram para se conhecerem melhor. Acrescente outras.

1. Como se chama?
2. De onde é?
3. O que é que faz?
4. Que profissão não era capaz de ter?
5. O que é que o preocupa no mundo atual?
6. Que livro tem ou gostava de ter na sua mesa de cabeceira?
7. Qual é a sua palavra preferida? E a que mais detesta?
8. Em que país gostava de viver? Porquê?
9. Qual foi o filme que viu mais vezes?
10. Com que figura histórica se identifica mais?
11. _____
12. _____
13. _____
14. _____
15. _____

2. Faça perguntas aos seus colegas.

Tudo a postos?

3. Ouça os textos sem olhar para o livro. Complete o quadro enquanto os ouve.

3-5*

	A	B	C
Nome	Isabel		
Profissão			
Nacionalidade			
Motivos para estudar português			

4. Agora leia-os e confirme.

A

Chamo-me Isabel Montez. Tenho 32 anos e sou de Sevilha. Sou consultora numa empresa em Lisboa. Apesar de eu e o meu marido já estudarmos português há um ano, temos a sensação de que quanto mais conhecemos a língua, mais diferenças descobrimos. Isso deixa-me um pouco insegura quando falo no escritório e com os meus amigos.

B

Sou o Jan, venho da Noruega e vou para Angola com a minha mulher. Sou engenheiro civil e trabalho para uma ONG. Vamos lá ficar dois anos. Depois de visitar o país há cerca de seis meses, compreendi que era extremamente importante falar bem a língua e saber mais sobre a cultura angolana.

C

Eu sou o Paulo, nasci nos Estados Unidos e tenho 20 anos. Os meus pais são portugueses, mas é raro falarem em português comigo. Tudo o que sei, devo-o aos professores que tive na escola. Só volto para casa daqui a dois meses. Nessa altura, gostava de frequentar um curso livre de português na universidade.

* Ficheiros áudio disponíveis em www.lidel.pt/pt/download-conteudos/, até o livro se esgotar ou ser publicada nova edição atualizada ou com alterações

Bússola Gramatical

Infinitivo pessoal

5. Nos textos encontrámos alguns verbos no **infinitivo pessoal**. Use-os para completar o quadro.

	Infinitivo pessoal
Eu	_____
Tu	estudares
Você / Ele / Ela	_____
Nós	_____
Vocês / Eles / Elas	_____

6. Na primeira aula, a professora dá alguns conselhos à turma de alunos hispanofalantes e fala sobre o curso de português. Complete as frases com os verbos no **infinitivo pessoal**.

1. É aconselhável _____ (vocês / estudar) uma hora por dia.

2. Não se esqueçam de que o facto de _____ (ser) línguas próximas pode dar a ilusão de que a matéria é mais fácil do que é.

3. No ano passado, os alunos dedicaram bastante tempo às tarefas de escrita. Façam o mesmo de modo a _____ (evitar) erros ortográficos.

4. María, até _____ (aplicar) as regras corretamente, ainda vai levar algum tempo. Tens de ser mais paciente do que no ano passado.

5. Ao _____ (chegar) ao Instituto, encontrei vários colegas nossos. É bom _____ (saber) que continuam connosco.

6. Depois de _____ (nós / trabalhar) com este manual, vamos fazer um teste.

7. Gonzalo, no caso de _____ (achar) as aulas demasiado fáceis, pode tentar o nível seguinte.

8. Se querem falar português corretamente, é importante _____ (estudar) tanto as semelhanças como as diferenças.

Bússola Gramatical

7. Complete o quadro sobre os usos do **infinitivo pessoal**.

O **infinitivo pessoal** usa-se com:

Preposições	Locuções prepositivas	Expressões impessoais

Infinitivo pessoal / Presente do conjuntivo

8. Leia as frases e comente as diferenças com o seu professor.

1. a) Caso passes pela escola, pede informações.

   b) No caso de passares pela escola, pede informações.

2. a) É importante reverem a matéria diariamente.

   b) É importante que revejam a matéria diariamente.

3. a) Embora compreenda os textos, tenho dificuldades com os verbos.

   b) Apesar de compreender os textos, tenho dificuldades com os verbos.

9. Reformule as frases, começando como indicado. Faça as alterações necessárias.

1. É fundamental que compreendas as instruções.

   É fundamental_____

2. É pena que não haja aulas à noite.

   É pena não _____

3. Para que escrevas bem, deves fazer os trabalhos de casa.

   Para _____

4. Sem que saibam o custo do curso, não encomendem os livros.

   Sem _____

5. Caso queira assistir à conferência, tem de se inscrever.

   No caso de _____

6. Embora estude uma hora por dia, continuo a ter muitas dúvidas.

   Apesar de _____

quinze **15**

Bússola Gramatical

Revisões

10. A Cristina é tradutora e tem uma paixão por línguas. Descubra o que ela já fez.

1980 - Nascimento em Lisboa. Filha de pai alemão e de mãe portuguesa.

1986 - Ingresso no Colégio Alemão.

1996 - Frequência de um Curso Intensivo de Francês, em Paris, durante um mês.

1998 - Ingresso no curso de Tradutores e Intérpretes, em Lisboa.

1998 - Frequência do curso de Inglês para negócios, duas vezes por semana.

2002 - Conclusão da Licenciatura.

2002 - Estágio numa empresa em Londres.

2004 - Curso Intensivo de Espanhol.

2005 - Tradutora numa empresa em Lisboa.

2009 - Casamento com Peter.

Projetos para o futuro:

Fundar uma escola de Tradutores – Intérpretes com o marido.

11. Fale do percurso da Cristina. Tente usar as palavras e as expressões do quadro.

Exemplo: A Cristina nasceu em 1980. Aos seis anos, ela...

dez anos depois   no mesmo ano   desde ... até ....   enquanto

no ano seguinte   no futuro   nesse ano

Diário Lexical

 12. A Cristina publicou um comentário no blogue sobre alguns dos professores de línguas que teve. Leia-o.

 13. Responda às perguntas.

1. O que é que a Cristina valoriza nas aulas que teve? O que é que ela acha que foi uma perda de tempo?

2. Por que motivo é que ela se sentiu frustrada em Paris?

3. E a si, o que é que o estimula mais numa aula? O que é que espera aprender?

4. Na sua opinião, como é que deve ser um bom professor de línguas?

5. O que é que não suporta fazer numa aula?

Entre Nós

O Português em Números e Não Só...

 14. Leia os textos.

Texto A

Factos e previsões

A minha pátria é a língua portuguesa.
Fernando Pessoa

1   Se as previsões baseadas na evolução demográfica assim o confirmarem, em 2050, o português tornar-se-á a língua de 335 milhões de pessoas.
Atualmente, é falado por aproximadamente 250 milhões, sendo a língua oficial de Angola, do Brasil, de Cabo Verde, da Guiné-Bissau, de Moçambique,
5   de Portugal e de São Tomé e Príncipe. É uma das línguas oficiais de Timor--Leste e da Região Administrativa Especial de Macau. Em Julho de 2010, foi promulgado como a terceira língua oficial da Guiné Equatorial, a par do inglês e do espanhol.
Para o número total de falantes também contribuem os cinco milhões de
10 imigrantes portugueses com forte presença em países como o Luxemburgo, a França, a Suíça, o Reino Unido, a Venezuela, os Estados Unidos e o Canadá.
Para estes falantes, o português tanto constitui uma língua materna como uma língua segunda, sendo que, em qualquer dos casos, se apresenta como uma língua de afetos através da qual mantêm uma ligação com Portugal e com a
15 cultura portuguesa.
Como língua de trabalho, o português é uma das línguas oficiais da União Europeia, da Mercosul, da União Latina e da União Africana e, ainda, uma língua na qual se navega para aceder ao conhecimento.
Segundo um estudo da *Worldstats*, entre 2000 e 2008, o português teve o
20 segundo maior crescimento na Internet, a nível mundial, tendo sido apenas superado pelo árabe.
Nas redes sociais, é o terceiro idioma mais usado no *Twitter*, depois do inglês e do japonês.

Texto B

Próximos, mas diferentes: Diga não ao *portunhol*!

Se se perguntar a um português se fala espanhol, a resposta será: "Dá-se um jeito.", mesmo que não domine a língua de Cervantes. A atitude do hispanofalante poderá diferir em função do país de origem, mas, em muitos casos, pensa que o facto de ser capaz de ler o jornal em português sem grandes dificuldades é passo andado para a fluência oral. Tanto num caso como noutro, a aprendizagem formal rapidamente confirma o ditado popular, segundo o qual: "Nem tudo o que parece é". É que vista à lupa, esta proximidade entre as duas línguas europeias mais faladas no mundo depois do inglês está minada de armadilhas.

Veja-se, a propósito, as seguintes frases ditas em *portunhol*, como é vulgarmente designada a interlíngua gerada pelas interferências do espanhol no português e vice-versa: "A que **hora** começam as **classes**?"; "Vamos **a** pedir uma **botella** de água."; "**Me** gosta Lisboa."; "Espera um **rato**."

O que fazer para evitar o *portunhol*? Em primeiro lugar, é importante admitir que embora o português e o espanhol tenham afinidades, também se afastam em muitos aspetos.

No campo lexical, por exemplo, existem os chamados falsos amigos, ou seja, palavras que se aproximam na grafia ou na pronúncia, mas que têm significados completamente diferentes. Não menos dignos de nota serão as fórmulas sociais, os provérbios, as expressões idiomáticas e a gíria, uma vez que não só surpreendem pelas diferenças como podem gerar mal-entendidos.

No que concerne à gramática, há inúmeras questões a considerar. Dado que a lista é extensa, referem-se apenas alguns exemplos, como as contrações das preposições *a*, *de* e *em* com os artigos e os demonstrativos; o uso, a forma e a posição dos pronomes pessoais, a distinção entre o pretérito perfeito simples e o pretérito perfeito composto ou a inexistência no espanhol do infinitivo pessoal.

Não menos exigentes serão os desafios colocados pelo sistema fonológico português. Quer fazer um teste? Pronuncie as palavras: "João", "azar", "chegar", "amanhã", "viver".

15. Responda às perguntas.

1. Ficou surpreendido com alguma das informações dadas no texto A? Quando navega na Internet, consulta sítios em português? Quais?

2. No texto B, são referidas algumas armadilhas a evitar para não cair no *portunhol*. Lembra-se de alguma situação caricata relacionada com o uso de um falso amigo?

Cofre de Sons e Letras

Revisões

16. Siga as instruções.

1. Dividam a turma em grupos e escolham um porta-voz para cada grupo.

2. Cada grupo diz um número de 1 a 24. As perguntas são feitas no sentido dos ponteiros do relógio.

3. Têm 10 segundos para responder.

1	2	3
Soletre as palavras: *olho / jardim / xadrez / quantidade*	Qual é a sílaba tónica da palavra *ultimamente*?	Pronuncie as palavras: *acho / chefe / chão*
7	**8**	**9**
Correto ou incorreto? *Eles veem a Lisboa amanhã.*	Diga três palavras que rimem com *mão*.	Pronuncie as palavras: *exame / exército / exato*
13	**14**	**15**
Pronuncie as palavras: *máximo / táxi / texto*	Leia a frase em voz alta: "O João não trabalha em Azeitão."	Como se escreve o antónimo de *menos*?
19	**20**	**21**
Cuantos eros há nesta frase?	Qual é o som da letra *j* na palavra *jogo*?	Pronuncie as palavras: *veem / vêm*

Cofre de Sons e Letras

4. Quando um grupo não sabe a resposta, o grupo seguinte pode tentar responder. No caso de falhar, fica fora de jogo uma vez.

5. Cada resposta certa vale um ponto.

4
Dê exemplos de três palavras esdrúxulas.

5
Pronuncie os pares de palavras:
casa / caça
assa / asa

6
Com ou sem acento?
album / dia / familias

10
A palavra "açeitar" está escrita corretamente?

11
Pronuncie as palavras:
se / sê / Sé

12
Há algum erro na frase: *"Levanto me muito cedo."*?

16
Quando é que se usam as letras *k*, *w* e *y* em português?

17
Com ou sem acento?
bem / parabens / alguem / sem

18
Correto ou incorreto?
asinar / assunto / pensamento / passar

22
Leia em voz alta:
"O rato roeu a rolha da garrafa do rei da Rússia."

23
Corrija os erros:
Ele fez duas preguntas.

24
Com ou sem acento?
possivel / amaveis / carater

Itinerário

Etapa 1: ouvir comentários

17. Ouça os comentários dos alunos. Que tipo de dificuldades têm?

	1	2
Pronúncia		
Gramática		
Vocabulário		
Ouvir		
Ler		
Falar		
Escrever		

18. Ouça novamente e assinale as expressões usadas pelos estudantes.

1. Sinto-me inseguro...
2. Fico nervoso...
3. Custa-me...
4. Não tenho a certeza...
5. Hesito...
6. Sou capaz de...
7. Fico bloqueada...
8. Não me sinto à vontade...
9. Tenho medo de...
10. Assusta-me...

Itinerário

19. Responda às perguntas. Use algumas das frases anteriores.

1. Como é que se sente quando fala português na aula?
2. E fora da escola?
3. Em que áreas é que tem mais dificuldades?
4. Acha que tem uma boa pronúncia?

Etapa 2: analisar e propor estratégias de estudo

20. Alguns alunos falam das estratégias que usam para estudar português. Leia-as.

Faço listas de vocabulário, traduzo--as e depois memorizo. Às vezes, ouço as gravações em casa ou no carro. Repito as frases e tento dar a entoação correta. Também costumo ler contos e artigos de jornal.

Ben, Inglaterra

Para mim, é importante praticar. Falo muito fora das aulas e peço aos meus amigos para me corrigirem e ensinarem palavras novas. Quando recebo *emails* e mensagens, respondo sempre em português.

Rita, Ucrânia

Há uns meses, comecei a ver filmes portugueses legendados em português. Tem-me ajudado bastante. Outra coisa que gosto de fazer é aprender português através da música. Descarrego letras de canções da Internet, imprimo-as e depois procuro as palavras que não conheço no dicionário. Quando já as sei bem, ouço a música e tento compreendê-la sem olhar para a letra.

Pierre, França

21. Discuta as estratégias acima com os seus colegas. Acrescente outras.

22. Fale do seu plano de estudos: objetivos, datas e estratégias.

Retrospetiva

1) O Pablo vai recomeçar o curso de português amanhã. Enquanto procurava os apontamentos do nível A2, ficou surpreendido com os erros que encontrou nos textos que escreveu durante o curso. Descubra-os e corrija-os.

   a. Esta manhã, tenho estado na escola até às 10h.

   b. Desculpa, podia dizer-me onde está o Instituto?

   c. Já preenchi todo.

   d. A: Estudaste estas regras todas no ano passado?

      B: Estudei isso tudo em menos de dois meses!

   e. Como está o vosso filho, D. Maria?

   f. Vou cambiar 100 dólares para o viagem.

   g. Não vou a ir às aulas esta semana.

   h. A que hora começa a aula?

   i. Viste a Paulo na escola?

   j. Não entregaram-nos a ficha de inscrição.

2) **Infinitivo pessoal** ou **presente do conjuntivo**?

   a. Trouxe um livro para tu _____ (ler).

   b. Sem _____ (ir) às aulas, não vamos melhorar a pronúncia.

   c. É obrigatório vocês _____ (fazer) o teste de colocação.

   d. Embora _____ (compreender) os textos, não sabemos dizer nada em português.

   e. Caso _____ (preferir) ter aulas de manhã, fale com a diretora.

   f. Sem _____ (fazer) um plano de estudos, não vão conseguir uma boa nota.

As minhas competências	😀	🙂	😐	☹️
Sou capaz de me apresentar.				
Sou capaz de trocar informações pessoais.				
Sou capaz de dar conselhos e sugestões.				
Sou capaz de relatar experiências.				
Sou capaz de falar sobre as minhas dificuldades.				
Sou capaz de debater estratégias de estudo.				
Sou capaz de falar sobre o meu plano de estudos.				

Ser português é...

Nesta unidade, as minhas tarefas são:

- Falar no futuro.
- Expressar dúvida.
- Interpretar convites.
- Identificar gestos usados pelos portugueses.
- Conhecer personalidades portuguesas.
- Descobrir e analisar estereótipos.
- Fundamentar as minhas opiniões.

Para isso, vou estudar:

Gramática	Vocabulário	Fonética / Ortografia	Cultura

• *Ir* + infinitivo
• *Haver de* + infinitivo
• Futuro imperfeito do indicativo
• *Ter de* + infinitivo
	• Costumes
	• Estereótipos
	• Estilos de vida
	• Iconografia
	• Esquemas interacionais: opinar / exemplificar / referir opiniões gerais
		• Pronúncia:
		  - Trava-línguas
		  - Lengalengas
		
		• Ortografia:
		  e / i ; o / u
			• *Diário Lexical:* Iconografia
			
			• *Entre Nós:* Personalidades
			
			• *Itinerário:* Atitudes e valores

Tudo a postos?

1. A Bianca e o Dirk trabalham em Portugal e falam com uma amiga sobre essa experiência. Antes de ler o diálogo, ouça-o e tome nota dos aspetos mais relevantes.

2. Leia agora o diálogo.

1	Bianca:	Tens visto o Dirk? Já há uns tempos que ele não vem cá tomar café.
	Maria:	Não, não o vejo desde que ele mudou de empresa. Estará fora?
	Dirk:	Bom-dia! Já tinha saudades vossas!
	Maria:	Olá! Quem é vivo sempre aparece! Estávamos mesmo agora a falar em ti. Como é que te estás a adaptar lá na empresa?
5		
	Dirk:	Tem dias. Há coisas às quais não me consigo habituar. O facto de passarem o dia com "doutor" para cá, "doutor" para lá é uma delas.
	Maria:	A sério? No meu departamento, tratamo-nos por tu.
	Dirk:	Deve ser uma exceção. E como é que tratas o teu chefe?
10	Maria:	A ele trato-o por "senhor engenheiro."
	Dirk:	Estás a ver? Tanta formalidade para quê?
	Maria:	"Em Roma, sê romano", nunca ouviste dizer? E de resto, está tudo bem?
	Dirk:	Nem por isso. A papelada da casa tem sido uma dor de cabeça. Nunca hei de perceber a razão de tanta burocracia.
15		
	Bianca:	É verdade. Neste país, para tudo é preciso um impresso, uma assinatura, uma cruzinha...
	Maria:	O que é que eu vos hei de dizer? Tentem aceitar as diferenças e tirar partido da vossa vida cá.
20	Dirk:	Eu bem tento, mas olha que não é fácil. Vou dar-te um exemplo: já não é a primeira vez que combino um café com colegas e recebo uma mensagem a dizer "Já vamos a caminho", quando já lá deviam estar há mais de meia-hora.
	Maria:	Meu amigo, não é por nada que existe a expressão "pontualidade britânica". Lembra-te de que somos latinos. *(pisca o olho)*
25		
	Dirk:	Tu estás a brincar, mas olha que conto pelos dedos de uma mão as vezes que comecei uma reunião à hora marcada. Não gosto de trabalhar assim.
	Bianca:	E a mim, custa-me passar horas e horas em reuniões sem chegar a conclusão nenhuma. E depois, quando os prazos começam a apertar, é que são elas. Mas uma coisa é certa, tiro o chapéu à vossa capacidade de improviso.
30		
	Maria:	De facto, sabemos dar a volta às coisas à última da hora.
	Dirk:	Já agora, é por isso que se usa a expressão "em cima do joelho"?
35	Maria:	De certa forma é. Bem, vocês têm é de descontrair.
	Bianca:	Já sei! *(estala os dedos)* Podíamos ir àquele restaurante novo que abriu no Bairro Alto.
	Maria:	Boa ideia! Havemos de arranjar um dia para nos encontrarmos.

Tudo a postos?

3. Responda às perguntas.

1. Por que razão é que o Dirk diz que a empresa dele é demasiado formal?
2. Como é que interpreta o provérbio "Em Roma, sê romano"?
3. De que outros aspetos se queixa o Dirk?
4. Comente a observação da Bianca sobre a forma de trabalhar dos portugueses.

4. Acha que a última frase da Maria é um convite?

5. Ouça a continuação do diálogo e leia a transcrição.

```
1  Dirk:    Espera, espera... Havemos de arranjar ou vamos arranjar? Já não volto
            a cair nessa.
   Maria:   O que é que queres dizer com isso?
   Dirk:    Dantes, quando me diziam "Havemos de combinar um café", eu levava
5           a sério. Mas depois comecei a perceber que diziam aquilo por dizer.
   Maria:   Estou a ver. Então, e que tal um jantar no sábado à noite? Parece-te
            bem?
   Dirk:    Assim é que é falar. Onde e a que horas?
```

Comunicação gestual

6. Pense em gestos que utiliza. O que é que significam? Acha que pessoas de outras nacionalidades os compreenderiam?

7. Observe as fotografias. O que é que acha que se quer comunicar?

Bússola Gramatical

Haver de + infinitivo

8. Complete as frases com *haver de*.

	Haver de + infinitvo
Eu	hei de fazer
Tu	hás de ver
Você / Ele / Ela	há de comprar
Nós	havemos de combinar
Vocês / Eles / Elas	hão de resolver

1. O que é que eu _____ vestir?
2. _____ dar-me o teu número.
3. Eles _____ compreender que não é fácil trabalhar assim.
4. Ela _____ telefonar. Não te preocupes.
5. _____ ir beber um copo um dia destes. Dá-me um toque.

Futuro imperfeito do indicativo

9. O **futuro imperfeito do indicativo** forma-se acrescentando *-ei*, *-ás*, *-á*, *-emos* e *-ão* ao **infinitivo**. Complete o quadro.

	Falar	Comer	Partir
Eu	falarei	_____	_____
Tu	_____	_____	_____
Você / Ele / Ela	_____	comerá	_____
Nós	_____	_____	_____
Vocês / Eles / Elas	_____	_____	partirão

10. Os verbos *trazer*, *dizer* e *fazer* são irregulares. Conjugue-os.

	Dizer	Fazer	Trazer
Eu	direi	_____	_____
Tu	_____	farás	_____
Você / Ele / Ela	_____	_____	trará
Nós	_____	_____	_____
Vocês / Eles / Elas	_____	_____	_____

Bússola Gramatical

11. Complete as frases com os verbos entre parênteses no **futuro imperfeito do indicativo**.

1. _____(ser) que me esqueci de alguma coisa?
2. _____ (estar / nós) na fila correta?
3. Não sei se alguma vez _____(compreender) os portugueses.
4. _____(ser) que o Pedro já se levantou?
5. Não sabemos se os empregados _____(fazer) greve no dia 18.
6. Acho que ele não nos _____(dizer) toda a verdade.
7. Nós _____(partir) para o Porto daqui a uma semana.
8. O concerto _____(começar) às 21h00.
9. Que dicionário _____(trazer) ele para a aula?
10. Nós _____(ter) muito gosto em visitar Portugal.

12. Quando falamos do futuro, é mais comum usarmos o presente do indicativo ou o verbo *ir* + **infinitivo**. Aplique esta regra às frases anteriores sempre que possível.

13. Complete o quadro com exemplos.

A) O futuro imperfeito é usado para:

1. expressar dúvidas: _____
2. referir ações futuras: _____

B) *Haver de* + infinitivo é usado para expressar:

1. planos ou desejos: _____
2. dúvidas: _____
3. pedidos: _____
4. convicções: _____

C) Para falar do futuro também é comum usar:

1. o presente do indicativo: _____
2. *ir* + infinitivo: _____
3. *ter* + *de* + infinitivo (necessidade / obrigação): _____
_____

Diário Lexical

14. As imagens referem-se a ícones da cultura portuguesa. Identifique-os.

A

B

C

D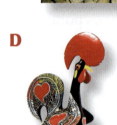

E

F

15. Leia o texto.

Azulejo C ✓

Mais do que objetos decorativos, os azulejos portugueses são contadores de histórias. Narram episódios mitológicos e religiosos, retratam cenas da vida mundana, relembram-nos ditos populares e até nos podem indicar o caminho em cidades, vilas e aldeias. Continuam, em suma, a ser uma das manifestações de arte pública mais significativas de Portugal e fazem-se notar em fachadas de edifícios, paredes de igrejas, palácios, estabelecimentos comerciais, casas privadas e jardins.

Calçada portuguesa B ✓

Em 1842, Eusébio Furtado decidiu mandar calcetar a parada de um quartel do Castelo de São Jorge, em Lisboa. O resultado do trabalho dos prisioneiros incumbidos da tarefa foi surpreendente. O ziguezague do empedrado idealizado por Eusébio logo seduziu o olhar dos transeuntes e estimulou a imaginação de mestres calceteiros que rapidamente adotaram a técnica, levando-a para outros destinos.
Em pleno século XXI, a calçada portuguesa continua a ser o resultado de um trabalho meticuloso: o artífice parte pequenas pedras de basalto ou calcário com martelinhos, dispondo-as no chão já preparado de modo a formar desenhos no pavimento. As figurações variam: de caravelas quinhentistas a peixes, passando por rostos e indo até elaboradas formações geométricas, os tapetes de pedra portugueses não deixam indiferente quem os pisa.

Cavalo lusitano F ✓

Admirado pelo porte, elegância, rapidez e resistência, o cavalo lusitano é um dos cavalos de sela mais antigos do mundo. É reconhecido pela capacidade de competir em qualquer modalidade e protagoniza na tourada portuguesa.

Diário Lexical

Cortiça A ✓

É bem provável que as rolhas de muitas garrafas que estão a ser abertas pelo mundo fora neste preciso momento sejam de origem portuguesa: Portugal contribui com 51% para a produção mundial de cortiça. Desde o isolamento acústico e térmico, passando pelo calçado, até ao fabrico das mais variadas peças de artesanato, a cortiça figura na lista dos produtos portugueses mais exportados.

Guitarra portuguesa E ✓

É companheira regular de muitos artistas que, ao som do vibrar das suas doze cordas, dão voz àquela que é considerada a canção nacional de Portugal: o Fado. A guitarra portuguesa distingue-se, entre outros detalhes, pela dimensão e forma da caixa de ressonância e pelo rendilhado do cravelhal.
Encontrou em Carlos Paredes um dos seus maiores mestres, presenciou a atuação de fadistas de renome, como Amália Rodrigues ou Alfredo Marceneiro, e impõe-se nos concertos de Mariza e nas serenatas dos estudantes de Coimbra.

16. Que ícones destacaria no seu país?

17. Feito de barro e pintado à mão em cores garridas, o Galo de Barcelos é mais do que uma peça de artesanato. Por detrás da sua criação, em 1930, existe uma lenda medieval bem conhecida de todos os portugueses. Leia-a.

> A população de Barcelos andava inquieta com um crime e com o paradeiro e identidade do criminoso.
> Certo dia, apareceu no burgo um galego que se dirigia a Santiago de Compostela para cumprir uma promessa. Não acreditando nesta intenção, as autoridades prenderam-no e condenaram-no à forca apesar de ele se dizer inocente.
> Como último desejo, o peregrino pediu para o levarem até ao juiz que o tinha condenado. Quando lá chegou, encontrou o magistrado na companhia de uns amigos num grande banquete. No centro da mesa estava um galo assado. Olhando para a iguaria, o galego disse: "É tão certo eu estar inocente como certo é esse galo cantar quando me enforcarem."
> Todos escarneceram do pobre homem, mas decidiram não tocar no galo. E foi então que se deu o milagre: quando o peregrino estava prestes a ser enforcado, o galo ergueu-se e cantou. Estupefacto perante o sucedido, o juiz apressou-se ao local do enforcamento e mandou soltar o inocente.

18. Qual é a mensagem desta lenda?

19. Existe alguma lenda no seu país tão popular como esta? Conte-a.

Diário Lexical

Provérbios

20. À semelhança de tantos outros povos, os portugueses costumam recorrer a provérbios e a expressões da sabedoria popular para descrever ou caracterizar situações. Escreva três provérbios que sejam de uso frequente no seu país.

1. _____
2. _____
3. _____

21. Compare os seus provérbios com os dos seus colegas. Explique o significado ao seu professor e verifique se existem equivalentes em português.

22. Complete os provérbios.

- quem fica saudades tem
- mais mente
- não tem vícios
- é como quem não vê
- não vê corações
- molha-se
- teu amigo é
- o santo desconfia
- pouco acerta
- desespera

1. Quem vê caras _____
2. Quem parte leva saudades _____
3. Quem não tem dinheiro _____
4. Quem muito fala _____
5. Quem não sabe _____
6. Quando a esmola é grande _____
7. Quem mais jura _____
8. Quem espera _____
9. Quem te avisa _____
10. Quem anda à chuva _____

23. Interprete-os com a ajuda do seu professor.

Entre Nós

Personalidades

24. Portugal é dos poucos países que adotaram um escritor como representação da nação: o mais importante feriado nacional é celebrado a 10 de junho, suposto dia da morte de Luís Vaz de Camões, em 1580.

O poeta Fernando Pessoa é outro dos nomes ao qual frequentemente se associa o nome de Portugal. Na sua extensa obra, encontram-se inúmeras reflexões que, embora datem das primeiras décadas do século xx, fascinam os leitores pela sua atualidade. Leia algumas delas.

> "A vida é para nós o que concebemos dela. Para o rústico cujo campo lhe é tudo, esse campo é um império. Para o César cujo império lhe ainda é pouco, esse império é um campo."
>
> "Sábio é quem se contenta com o espetáculo do mundo."
>
> "Quero para mim o espírito desta frase, transformada a forma para a casar com o que eu sou: Viver não é necessário; o que é necessário é criar."
>
> "Valeu a pena? Tudo vale a pena
> Se a alma não é pequena."

25. As duas últimas frases foram retiradas do poema *Mar Português*. Leia-o.

Ó mar salgado, quanto do teu sal
São lágrimas de Portugal!
Por te cruzarmos, quantas mães choraram,
Quantos filhos em vão rezaram!
Quantas noivas ficaram por casar
Para que fosses nosso, ó mar!

Valeu a pena? Tudo vale a pena
Se a alma não é pequena.
Quem quer passar além do Bojador
Tem que passar além da dor.
Deus ao mar o perigo e o abismo deu,
Mas nele é que espelhou o céu.

"Mar Português", *in Mensagem*

26. Interprete o poema.

Entre Nós

Biografia

27. Relacione as colunas de modo a reconstruir a biografia de Fernando Pessoa.

1 _E_   2 _F_   3 _D_   4 _A_   5 _C_   6 _B_

1. Nasce no dia 13 de junho de 1888, no Largo de São Carlos, em Lisboa. Perde o pai com apenas cinco anos.

2. Em Durban, frequenta a escola primária e o liceu. Começa a escrever poemas em inglês e em português.

3. Em 1905, regressa sozinho a Portugal. Vive com a avó e duas tias em Lisboa. Fá-lo com o objetivo de frequentar o curso de Letras.

4. Em 1907, monta uma pequena tipografia com a herança da avó. O negócio vai à falência pouco tempo depois. A partir de 1908, dedica-se à tradução e redação de cartas comerciais como forma de sustento.

5. Torna-se um dos líderes do Modernismo em Portugal, na década de 10. Decide fazer da escrita a sua razão de viver e escreve compulsivamente, tanto sob o seu nome, como do de outros.

6. Pouco reconhecido em vida, morre a 30 de novembro de 1935, com 47 anos de idade. Atualmente, é visto como a maior figura literária portuguesa depois de Camões.

a) A par desta atividade, inicia-se, em 1912, como ensaísta e crítico literário. Passa a colaborar com várias revistas.

b) Entre as 25 mil folhas que deixou no seu espólio, encontram-se poemas, prosa, textos políticos, peças de teatro, traduções e crítica literária. Muitos ainda estão por inventariar.

c) A estes "outros" chama heterónimos e atribui-lhes uma biografia, uma personalidade e um estilo próprio de escrita.

d) A mãe volta a casar um ano depois com o cônsul de Portugal em Durban. Toda a família emigra para a África do Sul. Revela-se uma criança tímida, mas muito imaginativa. Cria várias personagens com as quais conversa.

e) É desse período que datam as cartas que enviou a si próprio sob o nome de Alexander Search, o seu primeiro heterónimo, um termo posteriormente definido pelo poeta como: "um eu exterior a mim mesmo."

f) Insatisfeito com a academia, decide abandoná-la no primeiro ano. Passa horas na Biblioteca Nacional, onde lê os clássicos da Filosofia, da História e, acima de tudo, da Literatura.

28. Conhece a biografia de uma personalidade do seu país? Fale dela aos seus colegas.

Cofre de Sons e Letras
Trava-línguas e lengalengas

29. Ouça os trava-línguas e as lengalengas. Em seguida, repita-os.

Três tristes tigres
para três pratos de trigo.
Três pratos de trigo
para três tristes tigres.

Mário Mora foi a Mora
com intenções de vir embora,
mas como em Mora demora,
diz um amigo de Mora:
– Então, agora o Mora mora em Mora?
– Mora, mora.

O tempo pergunta ao tempo
quanto tempo o tempo tem.
O tempo responde ao tempo
que o tempo tem tanto tempo
quanto tempo o tempo tem.

Percebeste?
Se não percebeste,
faz que percebeste
para que eu perceba
que tu percebeste.
Percebeste?

Ortografia

30. Complete os gentílicos com as letras indicadas.

e / i	o / u
açor__ano	alc_bacense
algarv__o	d_riense
con_mbr__c_ns__	lisb_eta
__borense	__lhanense
loul_tano	__varense
m__nhoto	p_rt__ense
r_batejano	transm__ntan__
v__an__ns__	t__rriense

Itinerário

Etapa 1: ouvir e compreender opiniões

31. Há ideias que se formam sobre outras nacionalidades com base em mitos ou generalizações. Por exemplo, o facto de o Fado ser conhecido internacionalmente, não significa que todos os portugueses o apreciem. Ou seja, não é por serem portugueses que são fadistas ou que ouvem Fado.

Tem uma ideia formada dos portugueses? Leia as frases e assinale as que, a seu ver, são verdadeiras.

Nas algumas maneiras, considero que a sociedad britanico é port é ~~mais~~ liberão ~~do que em Portugal~~. Um exemplo disso é o facto que aborto é legal e as direitas para homossexuales.

Em geral, os portugueses...

1. São católicos, batizam os filhos, casam pela igreja e costumam ir à missa. ✓

2. São liberais e tolerantes.

3. São comunicativos e sociais: têm vários telemóveis para estarem contactáveis a qualquer hora.

4. Estão sempre dispostos a ajudar a família e os amigos.

5. Queixam-se de tudo e de todos, mas acomodam-se às situações.

6. Preferem adiar as soluções a tomar decisões no momento.

7. Acham tudo compreensível.

8. Detestam a burocracia, mas também acham que é uma boa desculpa para adiar tarefas.

32. Pedimos a vários portugueses para darem a sua opinião sobre estes tópicos. Ouça-os e compare com as suas opções.

12-15

Itinerário

33. Responda às perguntas.

1. Ficou surpreendido com alguma das respostas?
2. Quais dos adjetivos do quadro conseguem descrever os comportamentos dos portugueses?

criativos	nostálgicos	aventureiros	temerosos	imaginativos
evasivos	previsíveis	tímidos (reservados)	generosos	resignados
interessados	comodistas	pontuais	católicos	informais

jantarada = dinner party
ficar bêbado = drunk

3. Quais dos adjetivos também se podiam aplicar aos seus conterrâneos? Porquê?

Etapa 2: exposição oral

34. Pense em frases exemplificativas do modo de ser no seu país. Escreva-as.

No meu ponto de vista, os britânicos ~~são um pouco~~ não são tímidos, ~~et~~ um exemplo disso é o numero das personas que ~~nada dan deum~~ falam com

35. Discuta-as agora com a turma. Use expressões do quadro para apresentar as suas ideias e comentar as dos seus colegas.

Na minha opinião, os britânicos são criativos. Pedia dar um exemplo disso como ~~se encont~~ sempre se encontram uma maneira para beber ~~alcohol~~ álcool.

Expressões úteis

dar opinião	dar exemplos	referir opiniões gerais
na minha opinião a meu ver no meu ponto de vista quanto a mim achar / considerar / crer / pensar + que... é óbvio / certo / evidente que... é um facto que...	podia dar o exemplo de... prova disso é... exemplo disso...	como se costuma dizer como toda a gente sabe como se sabe é sabido que

Retrospetiva

1) Complete as respostas com **haver de** + **infinitivo**. Use os verbos adequados.

   a. Rute: O tempo está estranho. Ora faz frio, ora faz calor.
      Pedro: Pois é. Nunca sei que roupa __hei de usar/vestir__.

   b. Maria: Gostei de te ver.
      Soraia: Também eu. __Havemos de fazer__ ✓ qualquer coisa um dia destes.

   c. João: Já te telefonaram da empresa?
      Paulo: Ainda não, mas __hei de ~~fazer~~ telefonar__ (não).

   d. Soraia: Ele já leu poemas de Pessoa?
      Marta: Ainda não leu, mas __há de ler-os__ ✓.

   e. Paulo: Não sei nada sobre a cultura portuguesa.
      Ana: No final do curso, __há de saber__ ✓ mais.

Haver:
hei
hás
há
havemos
haveis
hão

2) **Ir** + **infinitivo**, **futuro imperfeito do indicativo** ou **ambos**? *(simple future)*

   a. Segundo o Ministro, os impostos __vão subir / subirão__ (subir) no próximo ano.
   b. Que tempo __vai fazer / fará__ (fazer) no sábado?
   c. __Será__ ✓ (ser) que eles já chegaram?
   d. __vamos trazer / traremos__ (nós / trazer) o que nos pediste.
   e. Não se preocupe Pedro, __vamos resolver ✓ / resolveremos__ (nós / resolver) o seu problema.
   f. Eu __vou sair / sairei__ (sair) mais tarde hoje.
   g. Não tenho visto a Marta. __estará__ ✓ (estar) doente?

As minhas competências	😀	🙂	😐	☹
1. Sou capaz de falar no futuro.				
2. Sou capaz de expressar dúvida.				
3. Sou capaz de distinguir convites.				
4. Sou capaz de identificar gestos e usá-los.				
5. Sou capaz de dizer um trava-línguas ou uma lengalenga.				
6. Sou capaz de referir traços culturais portugueses.				
7. Sou capaz de apresentar as minhas opiniões.				

A praxe é dura, mas é a **praxe!**

Nesta unidade, as minhas tarefas são:

- Falar no futuro.
- Formular hipóteses.
- Comentar opções vocacionais e falar sobre o mercado de trabalho.
- Obter informações sobre a vida académica e festas.
- Compreender uma exposição oral sobre o sistema educativo.
- Preparar e fazer uma apresentação.

Para isso, vou estudar:

Gramática	Vocabulário	Fonética / Ortografia	Cultura

• Futuro do conjuntivo
• Condicionais:
  se + indicativo
  se + futuro do conjuntivo
• Conjunções e locuções
	• Mundo académico
	• Mercado de trabalho
	• Gíria de estudante
	• Expressões idiomáticas
	• Expressões usadas em apresentações
		• Contraste entre os sons [s] e [z]
		• Ligação fonética entre palavras
		• Ortografia: som [z]
			• *Entre Nós:* Tradições académicas - Queima das Fitas de Coimbra

Tudo a postos?

1. O que é que lhe sugere o título desta unidade?

2. Ouça o diálogo e identifique a ordem pela qual são referidos os tópicos seguintes.

3	Propinas
2	Ingresso na universidade
6	Mercado de trabalho
1	Praxe académica
5	Despesas dos estudantes
4	Problemas financeiros

3. Ouça novamente o diálogo. Assinale se as frases são verdadeiras ou falsas. Corrija as falsas.

	V		F
1. A Soraia frequenta a universidade pela primeira vez.	✓		
2. Um caloiro é um aluno finalista.			
3. O Luís é contra as praxes.			
4. A Soraia estuda em Coimbra.			
5. Para ingressar na universidade, é importante ter uma boa média.	✓		
6. O Ben é professor.			
7. Há estudantes que desistem dos cursos por falta de interesse.			
8. A Soraia defende a existência das propinas.	✓		
9. Um diploma determina a entrada no mundo do trabalho.			
10. Os cursos em Portugal têm poucas saídas.			

4. Leia o diálogo e confirme as suas respostas.

1	Luís:	Olha a caloira! Como é que correu o teu primeiro dia na faculdade?
	Soraia:	Não me digas nada. Eu e os meus colegas tivemos de andar em fila indiana nos corredores com a cara toda pintada e com um laço na cabeça.
	Luís:	Eu avisei-te que os primeiros dias de aulas iam ser assim. Por isso, não te queixes.
5	Soraia:	Não me estou a queixar. É verdade que se sofre um bocado, mas dá para conhecer muito pessoal. Além disso, se alinhares na brincadeira, até que acaba por ser divertido.
	Luís:	Enquanto houver caloiros, haverá praxes. Assim dita a tradição.
10	Ben:	Mas porque é que ficaste em Lisboa? Não preferias estudar em Coimbra?
	Soraia:	Eu bem queria, mas não entrei. A minha média era muito baixa. Consegui ficar em Lisboa e já foi uma sorte.
	Luís:	E para o bolso dela também é melhor. Está mais perto de casa e não gasta tanto.
15	Ben:	Quanto é que vocês pagam por mês?
	Soraia:	Depende da universidade. Nas públicas, as propinas ficam por volta dos 800 euros por ano, mas algumas privadas pedem mais do que isso por trimestre.
	Ben:	Nos Estados Unidos é bem mais caro. Um amigo meu contraiu um empréstimo e vai começar a pagá-lo assim que encontrar um emprego. Eu sou mesmo um sortudo. Às vezes, ainda não acredito que consegui a bolsa para fazer o doutoramento.
20		
	Luís:	Para mim, o ensino devia era ser gratuito. Onde é que já se viu pagar para estudar! Não faz sentido nenhum. Por isso é que há muito pessoal que deixa o curso a meio por falta de dinheiro.
25		
	Soraia:	Eu não vejo as coisas assim. Se pensares bem, uma propina de 800 euros por ano dá uma média de 75 euros por mês, ou seja, 3,50 euros por dia.
	Luís:	Certo, mas se a isso juntares o que se gasta em alojamento, comida e livros, tens uma bela conta ao fim do mês.
30	Soraia:	Seja como for, é um investimento no futuro.
	Luís:	Será que é? Dantes, um canudo era uma garantia. Hoje em dia, não te vale de muito. E eu falo por mim. Vi-me grego para acabar o curso e agora ando há meses a enviar currículos e nem sequer me respondem.
	Soraia:	Estavas à espera de quê? Quem escolhe uma área como Filosofia, arrisca--se a ficar no desemprego. Não foi por acaso que fui para Gestão.
35		
	Ben:	Bem, e que tal irmos beber um copo? Também faz parte das vossas tradições, não faz?

5. Responda às perguntas.

1. Existe alguma tradição universitária no seu país para receber os novos alunos?

2. O que é que determina o ingresso na universidade?

3. Os cursos universitários são financiados pelo estado?

Bússola Gramatical

Futuro do conjuntivo

6. Na frase "Se alinhares na brincadeira…" o verbo **alinhar** está no **futuro do conjuntivo**. É usado para referir uma hipótese possível.

Repare na conjugação dos verbos regulares no quadro. Com que outro modo verbal é que o **futuro do conjuntivo** coincide?

	Estudar	Aprender	Conseguir
Eu	estudar	aprender	conseguir
Tu	estudares	aprenderes	conseguires
Você / Ele / Ela	estudar	aprender	conseguir
Nós	estudarmos	aprendermos	conseguirmos
Vocês / Eles / Elas	estudarem	aprenderem	conseguirem

7. Observe agora a conjugação do verbo *estar* no **futuro do conjuntivo**. Em seguida, complete o quadro abaixo.

	3ª pessoa do plural do P.P.S.	1ª pessoa do singular do futuro do conjuntivo	Futuro do conjuntivo
ESTAR	estiveram	estiver	estiver estiveres estiver estivermos estiverem

	Eu	Tu	Você / Ele / Ela	Nós	Vocês / Eles / Elas
dar	der	deres	der	dermos	derem
ir = ser	for	fores	for	formos	forem
dizer	disser	disseres	disser	dissermos	disserem
fazer	fizer	fizeres	fizer	fizermos	fizerem
pôr	puser	puseres	puser	pusermos	puserem
saber	souber	souberes	souber	soubermos	souberem
ter	tiver	tiveres	tiver	tivermos	tiverem
trazer	trouxer	trouxeres	trouxer	trouxermos	trouxerem
ver	vir	vires	vir	virmos	virem
vir	vier	vieres	vier	viermos	vierem
haver	houver	houveres	houver	houvermos	houverem

Bússola Gramatical

8. Complete as frases com os verbos no **futuro do conjuntivo**.

1. Quando ___vires___ (vir) a matéria que tenho de estudar, não vais acreditar.
2. Assim que ___saírem___ (sair) os resultados, ligo-te.
3. Logo que ___souberes___ (saber) a que horas é a aula, diz-me.
4. Quando ___forem___ (vocês / ser) caloiros, vão sofrer imenso nos primeiros dias de aulas.
5. Enquanto ___houver___ (haver) praxes, não vou às aulas.
6. Vou ficar numa residência universitária *exceto se* já não ___for___ (ser) possível.
7. *Sempre que* ___quiseres___ (tu / querer) estudar ao fim de semana, podes contar comigo.
8. *Todas as vezes que* ___viermos___ (nós / vir) a este jardim, vou lembrar-me da praxe.

9. Complete o quadro.

Uso o **futuro do conjuntivo**:

Depois de *quando*, ___assim que___, ___logo que___, *exceto se* (= *salvo se*), ___enquanto___, ___sempre que___ e ___todas as vezes___ para falar do futuro.

à medida que

Orações condicionais

10. Também se usa o **futuro do conjuntivo** para formular hipóteses que podem vir a acontecer. Para falar de hipóteses dependentes de factos, usa-se o **indicativo**. Complete as frases com os verbos no modo adequado.

1. Se ainda ___há___ (haver) vagas para Filosofia, porque é que não concorres?
2. Se ___tiverem___ (ter) dúvidas no fim de semana, eu explico-vos.
3. Se não ___gostas___ (gostar) do curso, por que motivo é que não desistes?
4. Se ___fores___ (ir) à secretaria amanhã, peça um impresso para mim.
5. Se se ___querem___ (querer) candidatar a Medicina, têm de ter uma média de 19.

Diário Lexical

Cursos e carreiras

11. De acordo com estudos recentes, Portugal é o país da União Europeia com mais universidades e cursos por habitante. O que é que move um estudante a optar por um curso? Leia os textos do Fórum.

Tema: Cursos e carreiras

Autor	Mensagem
Marta Sexo: F Idade: 19 Local: Lisboa	Colocada: 15 Maio 2010 10:46 Se terminar o 12º ano, vou candidatar-me ao curso de História de Arte. É o meu projeto como pessoa. Sei que é um curso com poucas saídas profissionais, mas talvez as coisas daqui a uns anos sejam diferentes. Quando se escolhe um curso, devemos pensar no que gostamos. Há tantas pessoas bem sucedidas na vida que não têm prazer naquilo que fazem... Para responder, deve registar-se no Fórum.
Rui Sexo: M Idade: 22 Local: Porto	Colocada: 23 Abril 2010 16:30 O que eu gostava mesmo de seguir era Psicologia, mas sei que é extremamente difícil arranjar um emprego fixo. Tenho amigos que se licenciaram, mas como estão a fazer coisas completamente diferentes, sentem-se frustrados. Foi por isso que decidi virar-me para a Engenharia Biomédica. Espero um dia vir a integrar uma equipa de investigação num centro hospitalar. Para responder, deve registar-se no Fórum.

---

12. Responda às perguntas.

1. Compare os comentários. Que diferenças existem no que diz respeito às expetativas dos estudantes?

2. Qual deles lhe parece menos realista? Porquê?

3. Que conselhos dava a um aluno pré-universitário antes de escolher um curso?

# Diário Lexical

 13. A seu ver, que áreas é que constituem apostas seguras em termos de empregabilidade?

> Finanças
> Economia e Gestão
> Gestão
> Línguas e Literaturas
> Medicina
> Antropologia cultural
> Pediatria
> Engenharia Informática
> Engenharia Mecânica
> Matemáticas Aplicadas
> Engenharia Aeronáutica
> Ciências Forenses
> Pedagogia
> Gestão Hoteleira

 14. A Licenciatura em Ciências Forenses é recente em Portugal. Leia a descrição do curso feita por um aluno espanhol. Faça as correções necessárias.

1 A Licenciatura em Ciências Forenses e Criminais é apelativa, útil e orientada ao mercado de trabalho. Quem eleger esta área de estudos, ficará apto a resolver questões de natureza tecnológica e científica na área da investigação forense e criminal.
5 O plano de estudos é aliciante, já que as assinaturas aliam a teoria à prática, articulando aspetos de natureza científica e tecnológica com a atuação do cientista no terreno.
Um titulado em Ciências Forenses e Criminais poderá progredir na carreira como científico forense, especializando-se num ramo à sua
10 escolha, ingressando em segundos e terceiros ciclos e/ou pós-graduados. Se quiser, poderá enveredar por áreas como a Bioquímica, a Química, a Biologia Molecular ou as Ciências Farmacêuticas. Também existe a possibilidade de beneficiar de uma beca e de realizar práticas em empresas internacionais.
15 Desde uma perspetiva profissional, esta área é uma aposta segura já que a peritagem científica será vantajosa para o sistema policial, instituições bancárias, seguradoras, organizações privadas e estatais e laboratórios de investigação.
O esperto forense e criminal poderá, por exemplo, integrar equipos aptos a
20 analisar amostras e documentos e a presentar e/ou validar provas forenses em tribunal.
Em suma, as Ciências Forenses e Criminais são uma área do futuro com uma amplia aplicação no mercado de trabalho.

Diário Lexical

Gíria de estudante

15. Os estudantes universitários têm uma gíria própria. Relacione as colunas e descubra o que significam as expressões da coluna da esquerda.

Uma vez fiz uma direta e mesmo assim chumbei.

1. baldar-se
2. chumbar
3. fazer uma direta
4. cadeira
5. fazer uma cadeira
6. passar numa oral
7. ter uma branca
8. marrar

a) ser aprovado num exame oral
b) reprovar
c) ter um lapso de memória
d) não dormir
e) faltar às aulas
f) ficar aprovado numa disciplina
g) estudar
h) disciplina

1 ___ 2 ___ 3 ___ 4 ___ 5 ___ 6 ___ 7 ___ 8 ___

Expressões idiomáticas

16. A expressão "ver-se grego" é utilizada para dizer que se tem dificuldades em fazer algo. Com a ajuda do seu professor, coloque as expressões na coluna adequada.

dar água pela barba   ser favas contadas   ser um bico de obra

ser chinês   ser canja   ser o calcanhar de Aquiles

Facilidade	Dificuldade

17. Use-as para completar os diálogos.

1. A: Estás preparado para o exame?
   B: Claro! São _____!

2. A: Acho que finalmente percebi o uso do futuro do conjuntivo.
   B: Sorte a tua! Para mim, _____.

3. A: Então, como vai o projeto para a cadeira de Economia?
   B: Só temos duas páginas escritas. Ainda nos vai _____.

4. A: Não sei como é que vou conseguir passar na oral de Direito Penal.
   B: Nem eu. Essa cadeira sempre foi o meu _____.

5. A: Como é que correu o exame?
   B: Mal.
   A: A sério? Porquê? Foi mesmo _____!

6. A: Esta tradução é _____.
   B: Pois é. Ainda por cima, nós não temos um dicionário técnico de Alemão.

Entre Nós

Tradições Académicas: Queima das Fitas

18. A semana académica tem lugar todos os anos, envolvendo universidades de todo o país. Em Coimbra, essa tradição é vivida de uma forma muito peculiar. Leia os folhetos e o texto relativo à Queima das Fitas.

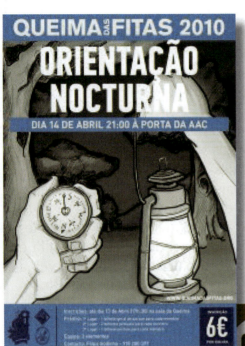

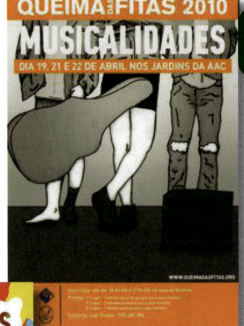

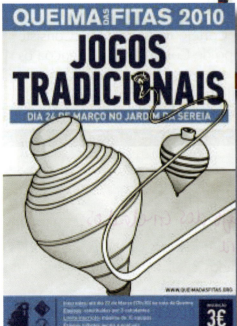

Entre Nós

QUEIMA DAS FITAS
COIMBRA 2010 7 - 14 MAIO

A Serenata Monumental, um evento com uma dimensão tremenda, reconhecido internacionalmente, marca o início de uma semana de euforia, recheada de vivências e histórias, e é um momento emblemático de todos aqueles que passam por Coimbra. Após o soar das doze badaladas da Cabra, às 00h00 de quinta para sexta-feira, no largo da Sé Velha, ouve-se o choro da Guitarra de Coimbra, numa bela demonstração da canção de Coimbra. Momentos emocionantes que se tornam em memórias eternas, tanto para os que traçam a Capa pela primeira vez, como para aqueles que se preparam para a despedida desta cidade imponente.

O Cortejo dos Grelados é, provavelmente, o ponto alto das festividades da Queima das Fitas. Os grelados de cada faculdade constroem os seus carros alegóricos, com flores das cores das respetivas faculdades. Os estudantes acenam à família e à cidade, partindo da Alta Universitária, percorrendo as principais ruas de Coimbra até ao largo da Portagem, numa tarde recheada de alegria, magia e boa disposição.

A Récita das Faculdades é uma exibição de imaginação e criatividade. Os estudantes sobem ao palco e deixam florir a sua veia poética, não deixando de parte a sátira e a crítica. Foi neste grandioso espetáculo que foi levada a palco pela primeira vez a Balada do Quinto Ano Jurídico 88/89.

A Queima das Fitas mostra-se cada vez mais como um evento solidário. A Venda da Pasta é uma atividade que tem como objetivo ajudar as crianças da Casa de Infância Doutor Elysio de Moura. Os estudantes, tradicionalmente fitados, passeiam as crianças pela baixa de Coimbra com a finalidade de angariar fundos através da venda das representações da pasta da praxe, "As Pastinhas", feitas pelas próprias crianças.

A Verbena realiza-se no seguimento da Venda da Pasta. É o lanche oferecido às crianças e aos estudantes que, de manhã, as acompanham. Para além do lanche, é realizado um espetáculo de animação, proporcionando momentos felizes que as crianças não esquecerão.

A Garraiada é das atividades mais antigas da tradição coimbrã, recheada de espírito académico, mobilizando milhares de estudantes. Os resistentes da noite dirigem-se para a Figueira da Foz de comboio. Numa primeira parte do evento, os fitados passeiam-se pela arena, agitando orgulhosamente as suas fitas. Segue-se uma Tourada, culminando na dita Garraiada, um confronto entre o homem e o animal, um espetáculo mágico e de muita animação.

A Bênção das Pastas realiza-se 3 semanas depois do Cortejo dos Grelados. Consiste numa cerimónia de índole religiosa, dirigida pelo Bispo de Coimbra, que abençoa os novos fitados que chegam ao fim da vida académica e se preparam para iniciar uma nova etapa da sua vida, enchendo de orgulho os familiares.

Fonte: http://www.queimadasfitas.org/?page_id=15, abril 2010 (adaptado)

19. Responda às perguntas.

1. Quais são os momentos altos da Queima das Fitas de Coimbra?
2. Que estilo de música se ouve na serenata?
3. A quem é que se referem os termos "Fitados" e "Grelados"?
4. O que é que os estudantes levam consigo no cortejo?
5. Que tipo de tradições académicas existem no seu país?

Cofre de Sons e Letras

Sons [s] / [z]

20. Ouça e repita os pares de palavras.

A	B
aceite	azeite
assar	azar
aço	azo
dissemos	dizemos
doce	doze
cinco	zinco
posse	pose
preço	preso
ração	razão
teço	teso

21. Agora, escolha uma das palavras acima e pronuncie-a. Peça ao seu colega ou ao seu professor para dizer em que coluna está.

Ligação fonética entre palavras

22. Ouça e preste atenção ao som do **s** e do **z** quando antecedem uma palavra que começa por **vogal** ou por **h**. Em seguida, repita os exemplos.

1. as universidades antigas
2. nos anos anteriores
3. os livros azuis
4. sabes Ana
5. ele fez a prova
6. fundámos a tuna há dois anos
7. os homens
8. as hospedeiras
9. as hipóteses
10. faz isso

Ortografia: som [z]

23. Como se escreve? Complete as palavras com as letras **s**, **x** ou **z**.

a__ar	dedu__ir	memori_ar
análi__e	e__austo	requi__ito
cri__e	e__igência	vi__inho

quarenta e nove 49

Itinerário

Etapa 1: ouvir apresentação

24. Vai ouvir informações sobre o sistema educativo português. Observe o quadro enquanto as ouve.

20

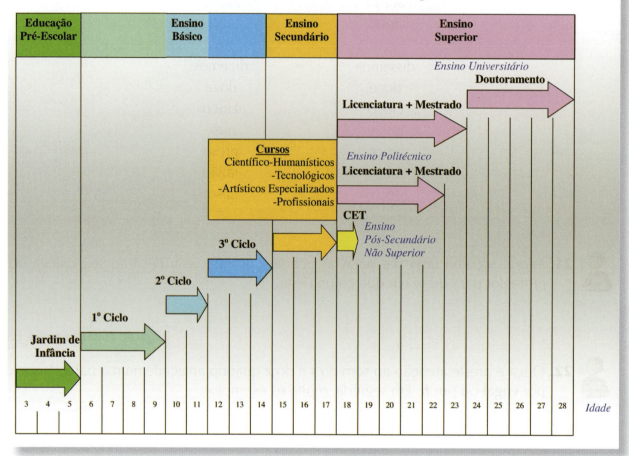

Sistema Educativo Português

25. Responda às perguntas.

1. Caracterize o ensino básico em Portugal.
2. Como é que está organizado o ensino secundário?
3. Que diferenças existem entre os cursos?
4. O que se entende por CET?

26. Ouça a segunda parte da apresentação e responda.

21

1. O que é que determina o ingresso no ensino superior?
2. Em que é que o ensino universitário difere do ensino politécnico?
3. Como é que alguém com mais de 23 anos que não concluiu o ensino secundário pode ter acesso ao ensino superior?

Itinerário

Etapa 2: elaborar uma apresentação

 27. Quando fazemos uma apresentação, devemos ter em conta tanto o conteúdo como a forma como transmitimos a mensagem. Leia as informações dadas nos quadros.

Expressões úteis

Apresentação do objetivo	Descrição da estrutura da apresentação
• Esta apresentação tem como objetivo... • Com esta apresentação, pretendo... • Vou falar de... • O tema desta apresentação é...	• Esta apresentação está dividida em... partes A estrutura é a seguinte... • Primeiro, começarei por... • Depois, darei uma visão geral sobre... • ...em seguida... • ...finalizarei com algumas conclusões com base em...

Organizar o discurso

Recuperar informações	Referir aspetos gráficos
• Como disse antes... • Como vimos... • Como referi anteriormente...	• Como podem observar no gráfico... • Como podem ver na figura...

Resumir / concluir	Dirigir-se ao público no final
• Concluindo... • Para terminar... • Em conclusão... / em síntese... / em suma...	• Há alguma pergunta? • Têm dúvidas? • Se alguém tiver alguma pergunta...

 28. Siga as recomendações dadas na etapa anterior e elabore com o seu colega uma apresentação breve sobre um dos seguintes temas.

A) Ensino superior no meu país

B) Tradições académicas

C) Opção vocacional ou salário estável?

Etapa 3: fazer uma apresentação

 29. Faça a apresentação com o seu colega.

Retrospetiva

1) **Infinitivo pessoal** ou **futuro do conjuntivo**?

   a. Quando _____fizeres_____ (fazer) a apresentação, não te esqueças de incluir imagens.

   b. No caso de _____precisares_____ (precisar) dos meus apontamentos, telefona-me.

   c. Se te _____colocarem_____ (colocar) alguma questão durante a apresentação, pede à pessoa que a repita no final.

   d. Sempre que vocês não _____saberem / souberem_____ (saber) a resposta num exame, não percam tempo e passem à pergunta seguinte.

   e. Apesar de não _____termos_____ (ter) prática, acredito que vamos conseguir fazer uma boa apresentação.

   f. Quando _____vieres_____ (vir) a lista das cadeiras do primeiro semestre, vais ter dúvidas sobre o curso.

   g. Não me posso candidatar enquanto as notas não _____saírem_____ (sair).

   h. Quando _____fores_____ (ir) caloiro, vais passar por situações caricatas.

2) Corrija quando necessário.

   a. Se **chegar** à conclusão que quer mudar de curso, informe-se na secretaria.

   b. Não te preocupes se não **entras / entrares** este ano. Só tens 18 anos.

   c. Se **tiveres / tens** a certeza de que preferes ir para Medicina, porque é que não o fazes?

   d. Se **vierem** a Coimbra, visitem a Universidade.

   e. Ficaremos muito felizes se nos **dão / derem** a oportunidade de fazer um estágio no estrangeiro.

   f. Se não **estás / estares** satisfeito com o curso, procura alternativas.

As minhas competências				
1. Sou capaz de me expressar no futuro.				
2. Sou capaz de usar o futuro do conjuntivo.				
3. Sou capaz de formular hipóteses (factuais e eventuais).				
4. Sou capaz de comparar perspetivas e de opinar sobre opções vocacionais e empregabilidade.				
5. Sou capaz de descrever tradições académicas portuguesas.				
6. Sou capaz de fazer uma apresentação oral (refiro os objetivos, descrevo a estrutura, desenvolvo o tema, concluo e interajo com o público).				

Portugal em festas.

Nesta unidade, as minhas tarefas são:

- Falar das minhas preferências.
- Ouvir notícias.
- Ler e ouvir textos sobre festas e tradições populares.
- Descrever as festas da minha região e do meu país.
- Elaborar um roteiro.

Para isso, vou estudar:

Gramática	Vocabulário	Fonética / Ortografia	Cultura
• Orações concessivas: *por muito que... / quem quer que...* + presente do conjuntivo • Orações relativas + futuro do conjuntivo • Concessivas com repetição do verbo	• Festas e tradições • Provérbios • Expressões idiomáticas	• Pronúncia: *a, e* e *o* em formas verbais	• *Diário Lexical:* Carnaval de Torres Vedras • *Entre Nós:* Festas populares • *Itinerário:* Romarias

Tudo a postos?

1. Responda às perguntas.

1. Gosta de festas populares?
2. Quais são as festas populares mais importantes na sua região ou no seu país?
3. Costuma participar?
4. Os festejos do Carnaval têm uma forte adesão no seu país?

2. Embora se defenda que não há Carnaval como o do Rio de Janeiro, os portugueses também o festejam em várias localidades. Observe as fotografias.

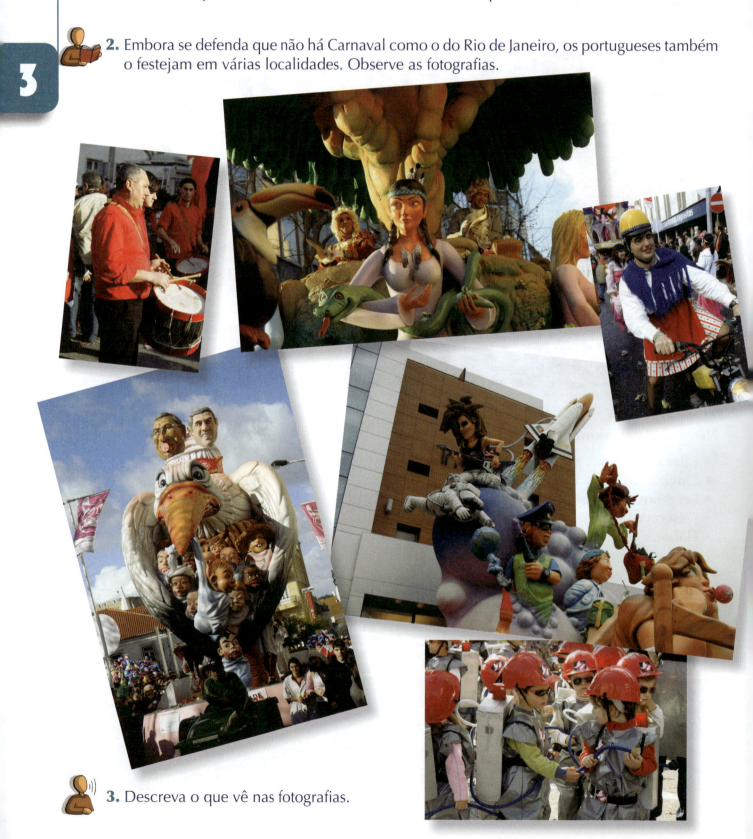

3. Descreva o que vê nas fotografias.

Tudo a postos?

4. Ouça as notícias antes de as ler.

5. Responda às perguntas.

1. Como é que se festeja o Carnaval de Torres Vedras?

2. Qual é o tema do corso de Loulé? O que é que serviu de inspiração para a decoração dos carros alegóricos?

3. O que é que se realça no Carnaval de Ovar?

6. Leia as notícias.

Notícia 1

Quem quer que venha a Torres Vedras não fica imune ao clima de folia que aqui se vive. Desde a passada sexta-feira, mascarados, cabeçudos e matrafonas têm sabido dar vida a este que é o Carnaval mais português de Portugal. O ambiente de animação é intenso, uma vez que, seja a que horas for, a cidade não descansa. Todos os que tiverem vontade de continuar a festejar pela noite dentro, poderão fazê-lo nos bares e restaurantes torrienses.

Notícia 2

Cerca de 55 mil é o número de visitantes que afluirá a Loulé nos dias do corso. Sob o lema "No Mundo do Espetáculo," os 15 carros alegóricos recriarão o tema escolhido, indo buscar ao Fado, ao Bailado, ao Teatro, ao Samba e ao Flamenco a inspiração para a decoração dos carros e dos trajes dos figurantes. Quem não o quiser perder, deverá vir até cá amanhã, pelas 15h e participar nesta festa algarvia.

Notícia 3

Por muito frio que esteja, os foliões ovarenses não deixam de sambar e de se divertir. Figuras como super-heróis de bengala, anjos atrevidos, diabinhos tímidos, palhaços, bruxas, mimos e muitas outras personagens curiosas fazem as delícias dos milhares que aqui se deslocaram para ver um dos corsos carnavalescos mais concorridos do país. A alegria é contagiante e a vontade de dar largas à fantasia é visível pelas ruas da cidade. Venha até Ovar!

Bússola Gramatical

Por muito que...

 7. Observe o quadro sobre os usos do **presente do conjuntivo**. Em seguida, complete as frases.

> **A)** *Por* + **advérbio (grau normal)** + *que* + **verbo**
>
> **Exemplo:** *Por muito que queira*, não posso ir contigo a Ovar.
>
> **B)** *Por* + **advérbio / adjetivo (grau superlativo)** + *que* + **verbo**
>
> **Exemplo:** *Por pior que esteja* o tempo, vou ver o corso.
>
> **C)** *Por* + **advérbio** + **nome / adjetivo** + *que* + **verbo**
>
> **Exemplo:** *Por muito frio que esteja*, os foliões ovarenses não deixam de se divertir.

1. Por muito que me __peças__ (pedir), não vou desfilar contigo.
2. Por mais anos que __passem__ (passar), nunca me hei de esquecer deste dia.
3. Por mais que nos __tente__ (tentar) convencer, não nos mascaramos.
4. Por muito tarde que __seja__ (ser), quero ir aos bares.
5. Por melhor que o ambiente __esteja__ (estar), está na hora de ir para casa.
6. Por pouco tempo que __tenhamos__ (ter), vamos participar no desfile.

Quem quer que...

 8. O **presente do conjuntivo** também se usa com expressões como: *quem quer que..., o que quer que..., como quer que.., onde quer que...* e com a locução *quer... quer*. Complete as frases.

1. Faço o que quer que __seja__ (ser) para ver o desfile.
2. Podem telefonar-me onde quer que __estejam__ (estar).
3. Quem quer que __venha__ (vir) a Torres no Carnaval, não se arrepende.
4. Para onde quer que __olhe__ (olhar), noto que todos se estão a divertir imenso.
5. Quer __chova__ (chover), quer __faça__ (fazer) sol, não cancelarão os festejos.
6. Quer tu __queira__ (querer), quer não, vamos levar-te a Ovar.

Bússola Gramatical

Futuro do conjuntivo em orações relativas

9. Para expressar eventualidade com os pronomes relativos *onde*, *que* e *quem* usa-se o **futuro do conjuntivo**. Observe os exemplos. Em seguida, complete as frases.

> **A)** *Quem / onde* + futuro do conjuntivo:
>
> **Exemplo:** *Quem não o quiser perder...*
>
> **B)** Antecedente expresso + *que* + futuro do conjuntivo:
>
> **Exemplo:** *Todos os que tiverem vontade de se divertir...*

1. Temos disfarces clássicos para os que **gostarem** (gostar) de figuras históricas.

2. Quem **quiser** (querer) participar no corso, tem de se inscrever atempadamente.

3. As crianças que **vierem** (vir) cá na sexta-feira, podem ver o desfile de baile de máscaras infantil.

4. Todos os que **entrarem** (entrar) mascarados só pagam um euro por bebida.

5. Passamos o Carnaval onde vocês nos **aconselharem** (aconselhar).

Concessivas com repetição do verbo

10. Siga o exemplo e complete as frases.

> **Presente do conjuntivo + (preposição) + *onde / que / quem / qual* + futuro do conjuntivo**
>
> **Exemplo:** *...seja a que horas for...*

1. **Faças** o que **fizeres**, vais divertir-te imenso. (fazer)

2. **Fiquem** onde **ficarem**, são sempre bem recebidos. (ficar)

3. **Seja** qual **for** o estado do tempo, vou mascarado. (ser)

4. **Fale** com quem **falar**, todos adoraram o desfile de Loulé. (falar)

Diário Lexical

Carnaval

 11. O Carnaval de Torres Vedras é considerado o "Carnaval mais português de Portugal". Leia as notícias e relacione-as com os títulos.

Suas Majestades reinam até 17 de fevereiro

Milhares de pessoas assistiram ao corso esta tarde

Mais um corso trapalhão

Enterro do Entrudo assinalou ontem à noite o final do Carnaval

A

1   Sempre com a escolta da "guarda de honra", com a marcha fúnebre como fundo e os "Lúmbias" na frente do cortejo, centenas de pessoas acompanharam o Rei de Carnaval de Torres, desde a Praça da República ao largo do Tribunal, onde uma multidão aguardava o seu julgamento.
5   O Juiz, aqui e ali a dar mostras de corrupção, ouviu as testemunhas presentes em Tribunal: uma vendedora ambulante, um *steward* e uma cigana. As piscinas municipais e a Estrada Nacional 9 foram alguns dos temas abordados, marcando assim a já habitual sátira social e política que tanto caracteriza o Carnaval de Torres.
10 No final, o Rei teve direito à sua defesa, mas o seu destino estava marcado. Depois da sua defesa proferiu um viva ao Carnaval de Torres e a multidão aplaudiu.
Lida a sua sentença, mais do que esperada, o Rei foi executado e, no final, os milhares de pessoas que presenciaram a cerimónia assistiram ao fogo de
15 artifício.

B

1   Cristiano Ronaldo, Barack Obama e o executivo da Câmara Municipal de Torres Vedras foram alguns dos visados nos carros alegóricos que saíram à rua no corso desta tarde, sempre sob a vigilância dos Reis do Carnaval, Dona Intempérie Estragatudo e D. Napõeamão Naboaparte.
5   Além dos 6 carros alegóricos, não faltaram ao desfile os grupos de mascarados que participaram no concurso da noite anterior.
Zés Pereiras, cabeçudos, matrafonas e muitos foliões divertiram-se até ao final da tarde. A animação continua durante esta noite com os Tocándar e a Banda Baco, na Praça 25 de abril, a partir das 23h, e muita animação até de manhã
10 nas ruas, bares e discotecas da cidade.

Diário Lexical

C

1   Começou no final da noite do dia 15 de fevereiro e acabou nas primeiras horas do dia 16, no centro de Torres Vedras, mais um Corso Trapalhão do "Carnaval de Torres".
Nesta manifestação nada atrapalhada compareceram os habituais veículos
5   espontâneos criados pelos foliões torrienses (muitos deles satirizando a realidade social e política), as características matrafonas, para além de milhares de outros mascarados que não se deixaram intimidar pelo frio que se fazia sentir. Uma verdadeira manifestação de imaginação popular, demonstrando o que de mais genuíno tem o Carnaval de Torres.
10 Para animar os foliões, surgiu neste corso os Tocándar onde atuou a Banda Baco que arrastou uma multidão atrás de si. A animação prosseguiu nas ruas e nos bares de Torres Vedras, bem como na discoteca Túnel pela noite fora e início do dia…

D

1   O frio não foi motivo para desmobilizar os milhares de pessoas que "invadiram" a Praça da República para a cerimónia de entronização e receção aos Reis do Carnaval de Torres Vedras. Calor humano, aliás, foi o que não faltou no momento que marcou o arranque do "Carnaval mais português de Portugal".
5   Eram 22h05 quando Suas Altezas Reais, D. Napõeamão Naboaparte e Dona Intempérie Estragatudo, chegaram à Estação de Caminho de Ferro da cidade. Escoltados pela sua "guarda de honra", membros da Real Confraria do Carnaval de Torres, cabeçudos, Zés Pereiras e outros ilustres, seguiram em cortejo até à Praça da República onde eram aguardados por uma animada multidão.
10 Após a cerimónia de entronização, o presidente da Câmara Municipal de Torres Vedras, Carlos M. S. Miguel, entregou as chaves da cidade aos Reis e suspendeu as suas funções durante seis dias, pelo que até ao dia 17 de fevereiro os destinos da cidade estão nas mãos de Suas Majestades.

Fonte: http://www.carnavaldetorres.com/noticias, fevereiro 2010 (adaptado)

Diário Lexical

12. Responda às perguntas.

1. Em que consiste a "cerimónia da entronização"?
2. Quem é que acompanhou os Reis?
3. Que personalidades foram satirizadas este ano?
4. O Corso Trapalhão teve lugar em que dias? Quem foi responsável pela criação dos carros?
5. Como se fez o Enterro do Entrudo?
6. Que tipo de música animou os festejos?
7. Como reagiu o público?

Provérbios

13. Escolha a opção adequada e descubra os provérbios. Em seguida, explique-os.

1. A vida são dois dias e **o Natal / o Carnaval / a Páscoa** são três.
2. Tristezas não pagam **contas / fraudes / dívidas**.
3. Quem **dorme / dança / canta**, seu mal espanta.
4. Quando **a cabeça / a mente / o espírito** não tem juízo, o corpo é que paga.
5. Não deites foguetes antes **do casamento / da boda / da festa**.

Expressões

14. O Manuel e a Sónia andaram a festejar o Carnaval até de manhã. Complete os comentários deles com as palavras do quadro.

à borla	à cunha	às quinhentas	fixe	a dar com um pau

1. Os bares estavam mesmo _____. (cheios)
2. Estou exausto. Já é a segunda noite que chego a casa _____. (muito tarde)
3. Este ano, houve matrafonas _____. (muitas)
4. O baile de máscaras foi mesmo _____. (interessante)
5. Ainda não acredito que bebemos duas caipirinhas _____. (sem pagar)

Entre Nós

Festas Populares

15. No mês de junho, festejam-se os santos populares, tanto no continente, como nas ilhas. Leia os textos.

Lá vai Lisboa com a saia cor do mar...

1. As festas da cidade de Lisboa decorrem todos os anos no mês de junho. Um dos pontos altos dos festejos alfacinhas acontece na noite de 12 para 13 de junho com o tradicional desfile das marchas na Avenida da Liberdade. Entre os aplausos do público e o olhar atento do júri, os marchantes defendem
5. as cores do seu bairro na esperança de conquistarem o primeiro prémio: a melhor marcha de Lisboa. Enquanto transportam arcos e balões e prestam tributo a figuras e símbolos do imaginário popular como a fragata, a lavadeira, a guitarra portuguesa, o arraial, a costureira ou o ardina, os marchantes cantam e dançam alegremente pela avenida.
10. Enquanto uns desfilam, outros festejam os santos nas ruas e tasquinhas dos bairros históricos. A sardinha comida no pão ou no prato é a rainha dos arraiais, em que se juntam pessoas das mais variadas idades.
   Ainda há quem cumpra a tradição de oferecer um manjerico acompanhado por um verso popular alusivo a Santo António. Segundo a tradição, o manjerico só
15. deve ser substituído por outro no ano seguinte, o que exige muitos cuidados: só o podemos cheirar com a mão e regá-lo ao luar para que não murche.

Maria do Carmo Oliveira

Entre Nós

São João, São João dá cá um balão...

O São João do Porto é uma festa popular, de origem pagã, festejada de 23 para 24 de junho no Porto.

Entre as tradições desta festa destacam-se os lançamentos de balões de ar quente, as marteladas (com martelos de plástico), os ramos de cidreira e os alhos-porros para passar no nariz das pessoas. Existem ainda os tradicionais saltos sobre as fogueiras e os manjericos com versos populares. Como festa sem fogo não é festa, há que realçar o fogo de artifício lançado da Ponte Luís I sobre o rio Douro.

A festa envolve toda a cidade, sendo inesquecível nos bairros mais tradicionais, como é o caso de Miragaia, Massarelos e Fontainhas.

Tal como em Lisboa, o cheiro a sardinha assada e o caldo verde a fumegar marcam presença nesta que é uma das noites mais emblemáticas da Invicta.

Festas Sanjoaninas (Açores)

É impossível ficar indiferente perante a oferta que figura nos cartazes das Festas Sanjoaninas na ilha Terceira.

Em evocação aos santos populares, organizam--se cortejos, desfiles e atividades desportivas para miúdos e graúdos, espetáculos musicais e eventos

Para os aficionados, a Feira Taurina é um ponto alto destas festas, já que inclui corridas de praça, touradas à corda e largadas de touros. As estrelas são, como não podia deixar de ser, grandes figuras do toureio nacional.

16. Responda às perguntas.

1. Em que se distinguem os festejos de Santo António dos de São João?

2. Em que é que consistem as marchas populares de Lisboa?

3. Caracterize as Festas Sanjoaninas.

Cofre de Sons e Letras

17. Ouça e repita.

Letras a, e e o

Letra a

sabia	dares	lavasse
saberemos	daríamos	lavou
sabem	damos	lavamos
sabiam	darmos	lavaria

Letra e

lê	é	trouxe
lerá	serei	trouxesse
lerem	seria	trouxermos
lemos	sermos	trazer

Letra o

for	pores	provocaria
fosse	porei	provocava
fôssemos	ponho	provocasse
formos	pormos	provoque

18. Leia os pares de palavras em voz alta.

dá / damos

sê / seja

lavasse / levasse

trouxe / trouxesse

Itinerário

Etapa 1: compreender diálogo

19. As festas de cariz religioso e as romarias constituem uma forte manifestação de fé, juntando pessoas de todas as idades na sua preparação, realização e celebração. Ouça o diálogo sobre uma dessas festas e complete o quadro.

Nome da festa	Datas (2011)	Duração	Local

 20. Responda às perguntas.

1. Qual é a principal característica da Festa dos Tabuleiros de Tomar?
2. O que é que a festa engloba?
3. Em que se destaca o Cortejo dos Rapazes? E o dos Mordomos?
4. Descreva um tabuleiro.
5. O que é o Bodo?

Etapa 2: compreender textos

21. No arquipélago dos Açores também se celebram festas de caráter religioso com uma longa tradição. Ouça e complete os textos.

Texto A

A _____ tem lugar no _____, na ilha de São Miguel, na cidade de Ponta Delgada.

A esta festa afluem _____ que seguem a passagem da _____, na solene _____ que, durante cerca de três horas, percorre _____ por ruas _____ _____.

Texto B

As Festas _____ realizam-se por todo o arquipélago. As celebrações começam a partir do _____ _____ e prosseguem durante vários domingos.

Embora difiram de ilha para ilha, partilham o momento da _____ _____ e as típicas _____ _____, que são distribuídas pela população.

As festas terminam com as famosas _____: vários homens manobram o touro com _____, enquanto este persegue os populares mais afoitos.

22. Agora, leia os textos e verifique se compreende todo o vocabulário.

Etapa 3: descrever festas e tradições

23. Pense em festas que sejam populares no seu país ou na sua região. Escolha uma ou duas delas e prepare uma breve apresentação com o seu colega. Se preferirem, podem fazê-lo sob a forma de notícias breves. Depois de as apresentarem à turma, elaborem um roteiro das festas mais conhecidas.

Retrospetiva

1) A Festa da Flor realiza-se em maio, na Ilha da Madeira. Complete o texto com os verbos no tempo adequado.

> Querida Carla,
>
> Espero que __esteja(s)__ (estar) bem. Cheguei ontem à Ilha da Madeira para mais uma Festa da Flor. __digas(m)__ o que __disseres (em)__ (dizer), nunca vi coisa assim: o Funchal transforma-se num verdadeiro jardim nesta altura do ano. Por mais anos que __viva__ (viver), há imagens que me __ficam__ (ficar) para sempre na memória.
>
> Quem quer que __venha__ (vir) cá nestes dias, __ficará / vai ficar / fica__ (ficar) impressionado com o belíssimo trabalho dos artesãos madeirenses.
>
> Ontem, __vi__ (ver) o Cortejo da Festa da Flor. __comovi-me__ (comover-se) ao __ver__ (ver) as crianças a __entregar__ (entregar) as flores para o Muro da Esperança.
>
> Os madeirenses __orgulham-se__ (orgulhar-se) desta tradição e as razões saltam à vista. Por muitos lugares que __conheça__ (conhecer), acho que em mais nenhum outro sítio do mundo se __celebram__ (celebrar) a flor com tanto carinho como aqui. Fala aos teus amigos desta festa. Tenho a certeza de que aqueles que __gostam__ (gostar) deste tipo de festividades, __virão__ (vir) até cá.
>
> Beijinhos
>
> Mena

As minhas competências	😃	🙂	😐	☹️
1. Sou capaz de expressar concessão com o presente e o futuro do conjuntivo.				
2. Sou capaz de usar o futuro do conjuntivo para falar sobre situações eventuais.				
3. Sou capaz de caracterizar festas populares portuguesas.				
4. Sou capaz de ouvir e compreender informações sobre festas religiosas e tradições associadas.				
5. Sou capaz de descrever festas do meu país.				

Rumos.

Nesta unidade, as minhas tarefas são:

- Refletir sobre o tema da emigração / imigração e diversidade cultural.
- Debater pontos de vista.
- Ler e comentar textos relacionados com o tema.
- Ouvir depoimentos sobre experiências migratórias.
- Participar num debate.

Para isso, vou estudar:

Gramática	Vocabulário	Fonética / Ortografia	Cultura
• Condicional simples • Imperfeito do conjuntivo • *Se* + imperfeito de conjuntivo + condicional pretérito / pretérito mais-que-perfeito composto do indicativo	• Imigração • Emigração • Empréstimos linguísticos • Esquemas interacionais: introduzir e relacionar tópicos; expressar consequência; mostrar reservas	• Palavras homófonas • Acentuação (diferenças entre o português e o espanhol)	• *Entre Nós*: Portugal - Imigração

Tudo a postos?

1. Portugal foi, durante séculos, um país de emigrantes. A partir dos anos 70, com a independência das colónias africanas, passou também a ser um país de acolhimento. Atualmente, e à semelhança de outros países, a sociedade portuguesa é um mosaico de culturas. Observe o mapa e, em seguida, responda às perguntas.

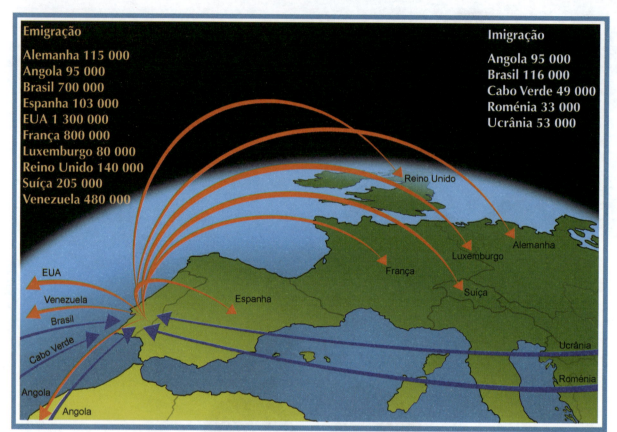

Fonte: SEF / OCDE

1. Quais são as comunidades de imigrantes mais representativas em Portugal?

2. Que países são mais procurados pelos portugueses como destino de emigração?

3. Se comparar a realidade sociocultural do seu país de há uma década com a situação atual em termos demográficos, encontra muitas diferenças?

4. A seu ver, o que é que pode facilitar ou dificultar a adaptação das pessoas que escolhem o seu país como destino de emigração?

5. Como é que vê o intercâmbio entre diferentes culturas? Acha que pode levar ao desaparecimento de algumas tradições?

6. Que impacto pode ter o aumento do número de imigrantes num determinado país a nível social e económico?

2. Ouça a opinião de dois portugueses sobre estes tópicos. Tome notas.

Tudo a postos?

3. Leia e compare com o que escreveu.

	A	B
Como é que vê o aumento do número de imigrantes no nosso país?	Quanto a isso, só tenho uma coisa a dizer. Não nos podemos esquecer dos milhões de portugueses que vivem espalhados pelos cinco cantos do mundo. Se queremos que os nossos sejam bem recebidos lá fora, também devíamos fazer o mesmo cá dentro.	Preocupa-me. Se controlassem mais as entradas, haveria menos crime, violência e insegurança. Por que motivo é que temos de ser tão tolerantes? Ficaríamos assim tão malvistos se condicionássemos as entradas?
Acha que os imigrantes podem colocar em risco as nossas tradições?	Não. Há muitos que o dizem como se nós próprios não fôssemos o resultado de uma fusão de culturas. O intercâmbio cultural é salutar e enriquecedor. Além disso, essa pergunta não faz muito sentido num mundo cada vez mais globalizado.	Talvez. Dou-lhe um exemplo: dantes, não havia tantos casamentos mistos como agora. E eu pergunto-me: como é que um português casado com uma ucraniana vai celebrar o Natal? E os filhos? Que tradições é que vão aprender? Que língua é que vão falar lá em casa?
Concorda com a ideia segundo a qual os imigrantes contribuem para que haja mais portugueses no desemprego?	Não. Se as pessoas se informassem melhor, tal ideia nunca teria tido eco. Basta olharmos para as estatísticas para percebermos que se trata de uma falácia. Em muitos casos, os imigrantes vêm colmatar lacunas em determinados setores. Como se sabe, a taxa de desemprego aumentou devido a uma crise económica à escala mundial.	Sem dúvida. Muitos deles aceitam trabalhar por menos dinheiro e submetem-se a muita coisa só para terem os vistos. Isso explica a quantidade de estrangeiros a trabalhar em bares e restaurantes. Muitos deles nem sabem o nome de algumas coisas em português. Por que razão é que lhes dão trabalho quando há tantos portugueses no desemprego?

4. Debata as diferenças de opinião com os seus colegas.

Bússola Gramatical

Condicional

5. Complete os quadros com os verbos no **condicional**.

Falar

Eu	falaria
Tu	_____
Você / Ele / Ela	_____
Nós	_____
Vocês / Eles / Elas	falariam

	Dizer	Fazer	Trazer
Eu	_____	faria	_____
Tu	_____	_____	_____
Você / Ele / Ela	diria	_____	_____
Nós	_____	_____	_____
Vocês / Eles / Elas	_____	_____	trariam

6. Complete as frases com os verbos entre parênteses no **condicional**.

1. Não sei o que eu _____ (dizer) nessa situação.
2. No teu lugar, eu também _____ (ir) à embaixada.
3. Tu _____ (vir) para Portugal com outras condições?
4. Telefonei ao Pedro, mas ele não atendeu. _____ (estar) a dormir?
5. O senhor _____ (gostar) de trabalhar noutro país?
6. Desculpe, _____ (poder) dar-me uma informação?
7. Nós _____ (ir) convosco ao consulado, mas não temos tempo.
8. O que _____ (fazer) eles no aeroporto àquela hora?
9. Nós _____ (gostar) de vos convidar para um jantar lá em casa.
10. Vocês _____ (dever) obter mais informações sobre os vossos direitos.

7. O **condicional** costuma ser substituído pelo **pretérito imperfeito do indicativo** nalguns casos. Em quais das frases acima é que não o poderia fazer? Porquê?

Bússola Gramatical

Condicionais irreais: *se* + imperfeito do conjuntivo

8. Também usamos o **condicional** para falar de ações que estão dependentes de uma condição cuja realização é pouco provável ou mesmo impossível. A condição é expressa com o verbo no **pretérito imperfeito do conjuntivo**.

> **Exemplo:**
> Se **controlassem** mais as entradas, haveria menos crime, violência e insegurança.

O **imperfeito do conjuntivo** forma-se a partir da 3ª pessoa do plural do P.P.S. Observe o quadro. Em seguida, conjugue os verbos *falar*, *comer* e *partir*. Escreva as formas no seu caderno.

	3ª pessoa do plural do P.P.S.	1ª pessoa do singular do imperfeito do conjuntivo	Imperfeito do conjuntivo
TER	tive**ram**	tive**sse**	tivesse tivesses tivesse tivéssemos tivessem

9. Transforme as frases em **condicionais**.

1. Ele não tem contrato. Não vai conseguir o visto.
2. Ganho pouco. Não posso alugar um apartamento.
3. Ele só se dá com ucranianos. Não conhece os costumes portugueses.
4. A nossa associação dispõe de poucos recursos. Ajudamos poucos imigrantes.

10. Quando nos referimos a uma ação que não se realizou no passado e que dependia de uma condição que se prolongou no tempo ou que ainda se mantém no presente, o verbo que a exprime está no **condicional composto** (verbo *ter* no condicional + particípio passado) ou no **pretérito mais-que-perfeito do indicativo** (verbo *ter* no imperfeito + particípio passado). Siga o exemplo.

> **Exemplo:**
> Se as pessoas se *informassem* melhor, tal ideia nunca **teria tido** (= tinha tido) eco.

1. Eles não se sentiam felizes. Deixaram os Açores e foram para o Canadá.
2. O meu marido é francês. Fui viver para Paris.
3. Gosto muito de Portugal. Convenci a minha mulher a deixar os EUA.
4. Não falava bem a língua. Não consegui arranjar trabalho facilmente.

Diário Lexical

Dinâmicas interculturais

11. O facto de as sociedades se tornarem cada vez mais multiculturais tem levado a reações diversas nos países de acolhimento relativamente aos imigrantes. Leia os seguintes comentários.

Texto A

1. O contacto com outras culturas enriquece-me e lamento que ainda existam tantos mitos discriminatórios relativamente às comunidades imigrantes. No fundo, são mitos gerados pelo medo e pelo desconhecimento que, a meu ver, não têm cabimento na aldeia global em que vivemos por diversos motivos. Primeiro, porque
5. o contacto entre culturas sempre foi uma constante na História da Humanidade. A única coisa que mudou foi a consciência que se passou a ter desse mesmo contacto. Segundo, porque a miscigenação é um traço comum a muitos povos: os portugueses tornaram-se no que se tornaram graças aos povos que deixaram o seu carimbo na Península, antes de se conhecerem como nação há oito séculos atrás.
10. Terceiro, porque os meios de comunicação e a Internet nos põem em contacto permanente com outras culturas cujos traços acabamos por absorver.

Rita Sousa, 34 anos, tradutora

Texto B

1. Os chavões "cidadão do mundo", "globalização" e "aldeia global" são, por vezes, usados gratuitamente sem se pensar no que se está realmente a dizer. A questão é que embora sejamos "cidadãos do mundo", temos uma identidade nacional e uma identidade cultural que são definidas por uma língua, uma memória e uma
5. sensibilidade que nos identifica como povo e nos diferencia de outros. É por isso que, quando somos confrontados com aqueles que são diferentes de nós, desejamos que se adaptem às nossas regras e aos nossos valores. No entanto, se pensarmos bem, concluiremos que ninguém está disposto a apagar totalmente a sua história cultural para voltar a ser programado de acordo com os critérios do país de acolhimento.
10. Quantos de nós é que o faríamos se estivéssemos na mesma situação?

Bernardo, 26 anos, estudante

Texto C

1. Portugal foi distinguido, em 2009, como o país europeu com melhores políticas de integração. Na prática, porém, ainda há quem olhe com desdém e até arrogância para muitos dos que escolhem Portugal como destino de imigração. Cai-se facilmente em generalizações e tende-se a julgar a parte pelo todo. Ignora-
5. -se que cada indivíduo é constituído por múltiplas pertenças que não se limitam à nacionalidade que aparece no passaporte.
É crucial alfabetizar os sentidos. Coexistir é muito fácil. Tolerar é fácil. Dispor-se a conhecer e a dar-se a conhecer de coração aberto, isso é o mais difícil, mas é o que realmente importa. Daí que o papel das escolas seja fundamental. Educar
10. para conhecer e respeitar – abrindo a porta às comunidades e promovendo o ensino intercultural –, é basilar na formação dos cidadãos do futuro.

Ana, 40 anos, professora

Diário Lexical

12. Responda às perguntas.

1. Como é que no Texto A se desconstrói o medo face à diferença? Concorda com o que é afirmado?

2. No texto B, refere-se a resistência à assimilação cultural por parte do imigrante. Qual é a sua posição sobre este tema?

3. Concorda com a ideia expressa no Texto C, segundo a qual existe uma tendência para criar estereótipos acerca das comunidades imigrantes? Dê exemplos.

4. A seu ver, de que modo é que a escola pode facilitar a integração?

13. Defina os termos usados nos textos:

Aldeia global
_____
_____

Cidadão do mundo
_____
_____

Identidade nacional
_____
_____

Identidade cultural
_____
_____

14. Comente a citação:

"É crucial alfabetizar os sentidos. Coexistir é muito fácil. Tolerar é fácil. Dispor-se a conhecer e a dar-se a conhecer de coração aberto, isso é o mais difícil, mas é o que realmente importa."

setenta e três 73

Diário Lexical

Empréstimos linguísticos

15. O intercâmbio entre culturas, a deslocação das pessoas e a circulação da informação fazem com que as línguas interajam e integrem palavras estrangeiras cujo uso, por vezes, se generaliza. Na coluna da esquerda, encontra alguns exemplos. Relacione-os com os equivalentes em português.

1. *chauffeur*	a) digressão
2. *chance*	b) ementa
3. *cicerone*	c) passatempo
4. *complot*	d) guia
5. *full-time*	e) deslize
6. *gaffe*	f) diapositivo
7. *hobby*	g) presunçoso
8. *meeting*	h) conspiração
9. *menu*	i) motorista
10. *show*	j) oportunidade
11. *slide*	l) espetáculo
12. *snob*	m) a tempo inteiro
13. *tournée*	n) reunião

1 ___ 2 ___ 3 ___ 4 ___ 5 ___ 6 ___ 7 ___ 8 ___ 9 ___ 10 ___ 11 ___ 12 ___ 13 ___

16. No quadro, encontra palavras de origem estrangeira cuja pronúncia e grafia foram adaptadas ao português. Leia-as.

omeleta	champanhe	croquete	divã
robô	bege	maquilhagem	raqueta

17. Quais das palavras acima também existem na sua língua?

Entre Nós

Portugal - Imigração

18. Entre dezembro e fevereiro de 2010, cerca de 140 000 imigrantes obtiveram a nacionalidade portuguesa. O maior número de pedidos veio da parte de imigrantes brasileiros, cabo-verdianos, angolanos, moldavos e guineenses. Leia a informação sobre os requisitos necessários para a obtenção da nacionalidade em Portugal e compare com a realidade do seu país.

> 1 Com a nova Lei da Nacionalidade, em vigor desde 15 de dezembro de 2006, podem obter a nacionalidade portuguesa todos os imigrantes que tenham conhecimentos de língua portuguesa, residam legalmente há, pelo menos, seis anos no país e nunca tenham sido condenados a pena de prisão por três ou mais anos.
> 5 Os filhos de imigrantes nascidos em Portugal também podem ter a nacionalidade portuguesa desde que um dos pais resida legalmente em Portugal há cinco anos. Quanto aos imigrantes de 3ª geração, a nacionalidade é-lhes atribuída desde que um dos pais seja português.

19. Um moldavo, uma brasileira e uma cabo-verdiana falam dos motivos que os levaram a solicitar a nacionalidade portuguesa. Leia os testemunhos.

O QUE ELES SABEM DE PORTUGAL

O Sergiu quer ser português

Sergiu Albu – Moldavo

1 Quando estudou os Descobrimentos e teve de memorizar a data de chegada dos portugueses à Índia e ao Brasil, Sergiu era ainda um jovem idealista, ansioso pelo fim do curso de História e por poder, finalmente, dar aulas.
O sonho ficou pelo caminho. Para sustentar a família, em 2001, trocou a
5 Moldávia e a sala de aulas pelo país que só conhecia das lições de História e por um *part-time* nas mudanças. Foi também armador de ferro antes de se tornar mediador da Associação Solidariedade Imigrante. "Faz-se de tudo para sobreviver", recorda. Ganha-se calo. E não se desiste dos desafios que, à partida, parecem intransponíveis. "Quando soube que tinha de fazer uma
10 prova de língua portuguesa para pedir a nacionalidade pensei que ia ser difícil. Se calhar, ia chumbar algumas vezes até conseguir fazê-la".
Mas não foi preciso. Sergiu passou à primeira, sem espinhas, e aguarda agora a conclusão do processo de naturalização. Daqui a uns anos, é a vez da sua mulher seguir-lhe os passos. Tudo por uma questão de segurança. "Como
15 imigrantes, estamos sempre ao sabor das ideias políticas de cada partido. Daqui por um tempo, pode ganhar as eleições alguém que é contra a imigração. E, nesse caso, o que seria da minha família?"

Entre Nós

Danusa Araújo – Brasileira

1   Depois de cinco anos sentada entre quatro paredes a fazer trabalho de secretariado nos armazéns "El Corte Inglés", em Lisboa, Danusa, 28 anos, natural de São Paulo, trocou o emprego certo pela possibilidade de conhecer a Europa ao volante de um camião.
5   Entre cá e lá, esteve mais de um ano e meio a rolar no asfalto, a dormitar na cabine do pesado e a parar nos restaurantes de beira de estrada para tomar uma refeição quente. "Inesquecível", é como fala do passado de camionista que lhe foi arrancado com a crise económica e a subida do preço do petróleo. Está desempregada, mas recomeçar do zero não é coisa que a desanime.
10 Chegou a Portugal há nove anos, já o namorado cá trabalhava e dizia-lhe "maravilhas" do país. Com o 12º ano e experiência no comércio, também ela encontrou um caminho. O futuro pode até levá-la a uma nova morada, noutro país, mas só depois de se naturalizar portuguesa. "Com um passaporte europeu é mais fácil viajar", diz. A papelada foi entregue há meses. A resposta
15 é que tarda. "Há de chegar. Até lá, a vida vai correndo..."

Iolanda Cruz – Cabo-verdiana

1   No ano em que a bandeira nacional esvoaçava em todos os varandins e tribunas, como que a exaltar o Euro 2004, Iolanda Cruz, 46 anos, natural de Cabo Verde, via-lhe concedida a nacionalidade portuguesa.
    O dia foi igual a todos os outros. Talvez porque Iolanda nunca deixou de se
5   sentir portuguesa. Ainda se lembra de ser bem pequenina e cantar, afinadinha, o hino de Portugal na escola. "Foi assim até aos meus 11 anos", conta. Depois, tudo mudou. Ou melhor, mudou o mundo e Iolanda foi na corrente.
    Em 1995, por motivos de saúde, reencontrou o país que em tempos também foi seu. "Nunca abdicaria da nacionalidade cabo-verdiana, mas as duas
10 combinam bem", diz a funcionária da linha SOS Imigrante, que durante o dia responde dezenas de vezes à mesma questão: "O que é preciso para obter a nacionalidade portuguesa por naturalização?" A resposta sai-lhe curta e direta, em nada semelhante à sua história pessoal. "O processo era mais burocrático. Como ainda não existiam os Centros de Apoio ao Imigrante, andei aos papéis.
15 No final, respirei de alívio e pensei: "Já está!".

Fonte: Maria Barbosa *in* **Revista Única** (Expresso, 2 de abril de 2010) (adaptado)

 20. Compare e comente os testemunhos em termos de vivências em Portugal, competências linguísticas e conhecimento da cultura portuguesa.

Cofre de Sons e Letras
Pronúncia e ortografia: palavras homófonas

21. Há palavras que se pronunciam do mesmo modo, mas que diferem no significado e na grafia. Ouça-as.

à / há	apreçar / apressar	sela / cela
censo / senso	tensão / tenção	conselho / concelho	nós / noz
concerto / conserto	cinto / sinto	recrear / recriar
cose / coze	cessão / sessão	

22. Complete as palavras com as letras em falta.

1. Achas que este ___into combina com estas calças?
2. O prisioneiro está sozinho na ___ela.
3. Já viste os resultados do último ___enso?
4. Se não te apre___ares, perdemos o comboio.
5. A pescada já co___eu?
6. Queres ir à ___essão das 19h ou das 21h?
7. Desde que ficou desemprego, ele tem andado sob ten___ão.
8. ___ quanto tempo é que vives no con___elho de Sintra?
9. Em quanto ficou o con___erto do teu computador?
10. Preciso da vossa assinatura para autorizar a ___essão da quota.

Acentuação

23. Há palavras cuja acentuação não coincide em português e em espanhol. Ouça algumas delas e coloque os acentos necessários.

academia	cerebro
burocracia	impar
diplomacia	nivel
alergia	oceano
terapia	policia
magia	nostalgia
elogio	sintoma
euforia	telefone

24. Que diferenças encontrou entre o português e o espanhol nas palavras que ouviu?

Itinerário

Etapa 1: ouvir depoimentos

25. As experiências migratórias divergem em função do país de origem, da disponibilidade que cada um tem para se adaptar à sociedade de acolhimento, dos motivos que levam à emigração e das dificuldades que surgem a nível social, cultural e linguístico. Vai ouvir duas dessas histórias. Ouça a primeira e assinale se as informações são verdadeiras ou falsas.

Nuno

Ivone

	V		F
1. O Nuno é filho de mãe portuguesa e de pai holandês.			
2. Quando vinha a Portugal nas férias, sentia-se em casa.			
3. Para o Nuno, a imagem que os emigrantes têm do Portugal atual é desajustada.			
4. O folclore e as associações mantêm viva a memória de Portugal na Holanda.			
5. O Nuno e a irmã têm uma relação muito similar com as referências da mãe.			

26. Ouça o segundo texto e responda às perguntas.

1. Quando é que a Ivone imigrou para Portugal? Como foi o período de adaptação?

2. Que tipo de trabalhos é que ela e o marido tiveram?

3. O que é que os levou a decidir regressar ao país de origem?

4. Como é que a Ivone avalia a sua passagem por Portugal?

Itinerário

Etapa 2: debate

27. O tema da imigração suscita opiniões muito díspares relativamente a questões como:

- Que atitude deve tomar o imigrante relativamente aos valores da sociedade de acolhimento? Deve manter a sua identidade cultural a todo o custo?
- Como é que os pais devem auxiliar os filhos a fazer uma ponte entre a cultura de origem e a cultura de chegada?
- Como é que a sociedade de acolhimento pode facilitar a integração?
- Como é que a escola pode promover a diversidade cultural sem se limitar à folclorização de alguns aspetos que toma como característicos dos países de origem dos alunos?

28. Vamos organizar um debate em torno deste tema. Dividam a turma em dois grupos. Um será a favor da manutenção dos traços da cultura de origem das minorias e apresentará exemplos e propostas nesse sentido. O outro grupo defenderá a adoção incondicional dos valores da sociedade de acolhimento como forma de integração. Um aluno será o moderador. Sigam o esquema abaixo:

Moderador – Introduz o tema do debate e apresenta as equipas.
Equipa 1 – Apresenta argumentos para defender a sua posição.
Equipa 2 – Faz o mesmo.
Equipa 1 – Contra-argumenta.
Equipa 2 – Contra-argumenta.
Moderador – Sintetiza os argumentos apresentados e encerra o debate.

Expressões úteis

Introduzir e relacionar tópicos	
No que respeita a...	Efetivamente...
Relativamente a...	Com efeito...
No que se refere a...	Não há dúvida que...
Quanto a...	É claro / certo / lógico / verdade
Sobre...	que...

Expressar consequência	Mostrar reservas
Daí que...	Ainda assim...
É por isso que...	Apesar disso...
Por causa disso...	No entanto... / Todavia... / Porém...
Como consequência...	Por um lado..., mas por outro...
O resultado é que...	

Retrospetiva

1) Complete os textos com os verbos no tempo adequado.

A

Por mais anos que ~~viva~~ viva ✓ (viver), nunca me esquecerei ✓ (esquecer) do dia em que saí ✓ (sair) de Portugal. Se soubesse ✓ (saber) o que sei ✓ (saber) hoje, provavelmente não voltaria (voltar) a partir às cegas.

Começar do zero em Paris era / foi (ser) muito difícil. Tinha / tive (ter) de batalhar muito para ter ✓ (ter) uma vida decente. Hoje, com 68 anos, ~~me~~ sinto-me (sentir-se) feliz por viver ✓ (viver) na minha terra.

B

Parto para Angola em abril. Tenho muita pena de deixar ✓ (deixar) Portugal. Se a vida cá não estivesse ✓ (estar) tão difícil, não aceitaria ✓ (aceitar) a proposta que me fazia(s) / fizeram (fazer). Não é que não goste ✓ (gostar) de novas experiências. A verdade é que me custa ✓ (custar) deixar cá os meus filhos. Se não fosse ✓ (ser) casado, talvez tivesse ✗ / teria / tinha (ter) outra perspetiva.

As minhas competências	😀	🙂	😐	☹️
1. Sou capaz de usar o condicional.				
2. Sou capaz de formular hipóteses com o imperfeito do conjuntivo.				
3. Sou capaz de debater pontos de vista relativos ao tema da imigração.				
4. Sou capaz de compreender e de falar sobre experiências migratórias.				
5. Sou capaz de participar num debate.				

Oxalá pudesse ir contigo para os Açores!

Nesta unidade, as minhas tarefas são:

- Comentar títulos de imprensa.
- Analisar os usos do presente e do imperfeito do conjuntivo.
- Expressar desejos.
- Ler e analisar correspondência (cartas de candidatura).
- Ler um folheto turístico.
- Falar ao telefone.

Para isso, vou estudar:

Gramática	Vocabulário	Fonética / Ortografia	Cultura
• Presente *vs* imperfeito do conjuntivo • Conjunções e locuções conjuntivas	• Mercado de trabalho • Correspondência empresarial • Pares idiomáticos • Expressões e frases usadas ao telefone	• Acentuação (revisões) • Caça ao erro	• *Entre Nós*: Açores

Tudo a postos?

1. Responda às perguntas.

1. Qual é a sua profissão? Trabalha no setor público ou privado?
2. Que função desempenha?
3. Se não fizesse o que faz, o que é que gostaria de fazer?
4. Já alguma vez esteve desempregado? Se sim, o que é que fez para resolver a situação?

2. Leia os títulos. Quais deles também se poderiam aplicar à realidade do seu país?

Despedimentos coletivos sobem 20%

Desemprego aumenta idas a psicólogos

Milhares de trabalhadores ficam sem ordenado

Famílias pedem ajuda ao estado

Um milhão a recibos verdes

Trabalhadores protestam contra salários em atraso

5000 empresários saem do mercado

3. Ouça o diálogo. Com qual ou quais dos títulos o poderia relacionar?

37

Tudo a postos?

4. Responda às perguntas.

1. Qual é a situação profissional da Clara?

2. O que é que ela tem feito para a resolver?

3. A que se deve o entusiasmo do Pedro?

4. Para onde é que ele vai trabalhar? Que função vai desempenhar?

5. Por que motivo é que a Clara questiona o Pedro sobre o sítio onde ele vai morar?

5. Leia o diálogo e confirme as suas respostas.

1 Clara: Olá, Pedro. Desculpa o atraso, mas tive de passar pelo centro de emprego e demorei mais tempo do que estava à espera.
   Pedro: *Não faz mal,* também acabei de chegar. Tiveste alguma sorte desta vez?
   Clara: Não. Havia uma vaga para tradutor, mas queriam alguém que dominasse o russo
5   na perfeição. Imagina! Bem, mas não falemos de coisas tristes. Conta lá! Que novidade é essa? Parecias muito entusiasmado ao telefone.
   Pedro: Vou trabalhar para os Açores! Foi tudo muito rápido. Vi um anúncio de uma vaga para Diretor Comercial de uma agência de viagens, enviei o currículo, fui à entrevista e fiquei. *Ainda não estou em mim.* É como se estivesse a sonhar.
10 Claro: Realmente, como as coisas estão, *até parece mentira*. Hoje, houve mais um despedimento coletivo numa fábrica no Norte. Mas quando é que partes?
   Pedro: Eles queriam que eu fosse para São Miguel já daqui a um mês, mas para isso era preciso que eu conseguisse tratar da minha vida até lá.
   Clara: Pelos vistos, estás mesmo disposto a abdicar da tua vida em Lisboa. Olha que ser
15   ilhéu não é fácil. Há quem vá para lá e se sinta enclausurado com tanto mar.
   Pedro: Há uns anos atrás talvez te dissesse que não trocaria Lisboa por São Miguel. Mas os tempos são outros. Embora não saiba bem o que me espera, acho que devo arriscar. Trabalhar a recibos verdes não é vida para ninguém.
   Clara: Pois não. Oxalá eu pudesse ir contigo para os Açores! Digam o que disserem, a
20   qualidade de vida lá é bem melhor.
   Pedro: Porque é que não tentas arranjar trabalho lá? Seja como for, gostava que me fosses visitar.
   Clara: Até que ia *de boa vontade*, mas vai ser difícil. Os meus pais querem que eu volte para casa para *cortar nas despesas*, mas enquanto puder, quero ter o meu
25   espaço. Ou seja, tenho mesmo de *apertar o cinto*.
   Pedro: *Não seja por isso*. Tens onde ficar e quanto à viagem não te preocupes. Empresto--te o que for preciso. *Fazia-te bem mudar de ares* nem que fosse só por uns dias. Além disso, foste das poucas pessoas que *me deu força* quando precisei.
   Clara: Eu sei, Pedro. Depois de a tua empresa falir, havia quem dissesse que não ias
30   conseguir *endireitar a tua vida*, mas eu nunca duvidei. Não conheço ninguém que tenha a tua força de vontade. E a prova está à vista.
   Pedro: Isso digo-te eu agora. *Levanta a cabeça* e vai à luta! Melhores dias virão.

6. Explique o sentido das expressões em itálico no diálogo.

Bússola Gramatical

Presente / imperfeito do conjuntivo

7. Leia e compare as frases do quadro. Explique o uso do **conjuntivo** em cada alínea.

Uso o presente e o imperfeito do conjuntivo:

A) Com *ainda que / embora / mesmo que / caso / desde que / por mais que / antes que / até que / nem que / para que / sem que ...*:

Exemplos:

Embora não **saiba** bem o que me espera, acho que devo arriscar.
Fazia-te bem mudar de ares *nem que* **fosse** só por uns dias.

B) Com expressões impessoais:

Exemplos:

É importante que **lutes** pela tua felicidade.
Era preciso que eu **encontrasse** um emprego...

C) Com verbos que expressam sentimento, dúvida, obrigação, desejo ou proibição:

Exemplos:

Os meus pais *querem* que eu **volte** para casa...
Eles *queriam* que eu **fosse** para São Miguel já daqui a um mês.

D) Com verbos de opinião na negativa:

Exemplos:

Não acho que ele **tenha** o perfil adequado para o cargo.
Na entrevista, *não achei* que ele **tivesse** o perfil adequado para o cargo.

E) Depois de *haver* (3ª pessoa do singular) + *quem*:

Exemplos:

Há quem **vá** para lá...
Havia quem **dissesse** que não ias conseguir...

F) Em orações relativas com indefinidos:

Exemplos:

Não conheço *ninguém que* **tenha** a tua força de vontade.
... queriam *alguém que* **dominasse** o russo na perfeição.

mas

Tenho um emprego *que* me **permite** progredir na carreira. (facto)
Vamos contratar *alguém que* **tem** muita experiência em Vendas. (facto)

G) Para expressar desejos *(oxalá / tomara que / quem me dera que)*:

Exemplos:

Tomara que tudo **corra** bem. (desejo realizável)
Oxalá eu **pudesse** ir contigo para os Açores! (desejo irreal)

Bússola Gramatical

8. Presente ou **imperfeito do conjuntivo**? Leia as frases e escolha a opção adequada.

1. Caso não **encontrasse** / **encontre** emprego em breve, desespero.
2. Só posso formar uma equipa desde que **pudesse** / **possa** contar contigo.
3. Não me demito nem que **esteja** / **estivesse** meio ano sem receber.
4. Embora ele **desse** / **dê** tudo pela empresa, vão despedi-lo.
5. Sem que o concelho de administração **aprove** / **aprovasse**, não podemos abrir a filial.
6. Não posso fazer a formação a menos que **fosse** / **seja** em horário pós-laboral.
7. Há quem **dissesse** / **diga** que a empresa está à beira da falência.
8. Era conveniente que nos **informassem** / **informem** sobre os nossos direitos.

9. Complete as frases com os verbos no tempo adequado.

1. Agradecia que nos _enviasse_ (enviar) o seu currículo.
2. Gostava que _falasse_ (falar) das suas competências.
3. Duvidei que eles _aceitassem_ (aceitar) a decisão do diretor, mas fizeram-no.
4. Havia quem _pensasse_ (pensar) que a empresa ia falir.
5. É fundamental que _aprovem_ (aprovar) este orçamento.
6. Era recomendável que todos _estivessem_ (estar) presentes na reunião anual.
7. Há quem _sinta-me_ (se-sinta) (sentir-se) perdido quando fica desempregado.
8. Oxalá não _houvesse_ (haver) tanta gente a viver com dificuldades.
9. Tomara que ele _consiga_ (conseguir) passar na entrevista, mas é difícil.
10. O departamento não tem ninguém que _perceba_ (perceber) tanto de computadores como tu.

10. O **imperfeito do conjuntivo** também é usado em comparações irreais: "É como se estivesse a sonhar". Complete as frases.

1. Eles dão bónus aos diretores, mas agem como se não _dessem_.
2. A Andreia sabe pouco de contabilidade, mas critica-me como se _soubesse_.
3. Eles vão despedir mais empregados, mas agem como se não _fossem_.
4. Tu tens uma boa situação profissional, mas vives como se não _tivesses_.

Diário Lexical

Cartas de candidatura

11. Leia as regras para a redação da carta que acompanha o currículo no processo de candidatura. Em seguida, leia a carta que o Pedro enviou para a empresa que o contratou.

- Refira a fonte através da qual teve conhecimento da vaga e indique a referência do anúncio.
- Justifique a sua candidatura. Mencione as suas qualificações e competências.
- Demonstre-se disponível para fornecer mais informações numa entrevista.
- Agradeça a atenção dispensada e manifeste a confiança de que o vão selecionar para uma entrevista.

Pedro Rodrigues
Praça Padre Eduardo F. Amaral, 37 - 3º F
2700-633 Amadora
Portugal
Tel.: 96 455 67 32

Exma. Sra. Dra. Maria Manuela Bento
Rua Açoriano Oriental, 45
9500-013 Ponta Delgada
Açores

Amadora, 20 de abril de 2010

Assunto: Diretor Comercial (ref. 56778)

Exma. Sra. Dra. Maria Manuela Bento,

Venho por este meio responder ao vosso anúncio publicado no jornal *Expresso* com a referência nº 56778, relativo à função de Diretor Comercial para a vossa filial em São Miguel.

Creio que tanto a minha formação académica como a minha experiência profissional se adequam ao perfil que V. Exas. pretendem. Como terão oportunidade de observar no currículo que envio em anexo, desempenhei funções na área comercial durante vários anos em Portugal e no estrangeiro.

Estou à vossa disposição para fornecer as informações que acharem necessárias.

Na expetativa de um contacto da vossa parte, apresento os meus cumprimentos.

Pedro Nunes

Anexo: *Curriculum Vitae*

---

12. Relacione as regras com a estrutura da carta.

Diário Lexical
Carta de candidatura espontânea

 13. Uma carta de candidatura espontânea requer uma atenção especial, pois deve despertar o interesse do recrutador não só pelas competências do candidato como também pelas razões que o levam a querer trabalhar naquela empresa específica. Leia a carta.

Sandra Ventura
Rua Francisco Sanches, 22 - 5 Dtº.
1678-009 Lisboa
Tel.: 217 66 85 11
E-mail: sandra.ventura@gmail.com

Inova Tecnologia, Lda.
Departamento de Recursos Humanos
Avenida da República, 27 - 5º Esq.
1700-078 Lisboa

Lisboa, 21 de outubro de 2010

Exmos. Senhores,

Tenho conhecimento de que a vossa empresa aposta na inovação e se interessa em manter uma imagem dinâmica mediante a contratação de jovens colaboradores com formação em diferentes áreas. Encaro, por isso, com entusiasmo a possibilidade de colaborar com uma empresa com a vossa visão e posição no mercado.

Como poderão verificar no currículo que anexo, licenciei-me há três anos em Gestão de Empresas pela Universidade Nova de Lisboa e fiz um estágio de seis meses numa empresa em Londres. Além disso, desempenhei funções no Departamento de Recursos Humanos de uma empresa portuguesa bastante conceituada. Acredito, por isso, ter um perfil compatível com os vossos requisitos.

Estou disponível para aprofundar as razões desta candidatura e para falar pessoalmente sobre as áreas nas quais acredito poder ser útil à vossa empresa.

Na certeza de que esta carta merecerá a melhor atenção de V. Exas., apresento os meus melhores cumprimentos.

Sandra Ventura

Anexo: *Curriculum Vitae*

---

 14. Comente a carta da Sandra na perspetiva de quem recruta.

Diário Lexical

Pares idiomáticos

15. Leia as frases e descubra as expressões idiomáticas.

1. Prometeram-me mundos e fundos quando entrei para a empresa, mas nunca me promoveram.
2. Só o Carlos está de pedra e cal no departamento. Recebeu um prémio de produtividade e teve resultados excelentes na avaliação do desempenho.
3. Lamento, mas não vou poder pegar neste projeto. Já tenho trabalho para dar e vender.
4. Não mistures alhos com bugalhos. O que é que estas faturas têm a ver com o meu departamento?
5. Já corre o boato que vão despedir pessoal a torto e a direito. Temo que o meu emprego esteja por um fio.
6. O Mário entrou para o departamento há um mês e ainda anda aos papéis. Vai ser o bom e o bonito quando o diretor voltar de férias.
7. O negócio vai de vento em popa. Os lucros ficaram muito acima do que esperávamos.
8. Eles dedicaram-se de alma e coração à campanha de Marketing. Os resultados foram fabulosos.
9. Depois de tudo o que contribuí para o projeto, não fui ouvido nem achado na decisão final.
10. É óbvio que o Esteves tem as costas quentes. Só isso explica que o queiram passar a diretor sem mais nem menos.

16. Complete a coluna da esquerda com as expressões que encontrou. Escreva o significado na coluna da direita.

1.	
2.	
3.	
4.	
5.	
6.	
7.	
8.	
9.	
10.	

Entre Nós

Açores

17. Com a capital em Ponta Delgada, na ilha de São Miguel, o arquipélago dos Açores encontra-se organizado como uma região autónoma. Embora tenha as mesmas condições jurídicas dos distritos de Portugal continental, os poderes são exercidos por uma assembleia eleita ao nível regional.

Os Açores foram nomeados como a Região Europeia do ano de 2010 e as suas ilhas são consideradas como as segundas melhores do mundo para a prática do turismo sustentado. O que sabe sobre este arquipélago?

V		F
	1. O arquipélago dos Açores situa-se no Oceano Atlântico.	
	2. É formado por 6 ilhas.	
	3. O clima é quente e seco.	
	4. Todas as ilhas são de origem vulcânica.	
	5. É possível nadar com golfinhos perto da costa.	
	6. Há vulcões em atividade em duas ilhas.	
	7. Os Açores são conhecidos como uma área de grande biodiversidade.	
	8. Algumas ilhas são planas e áridas.	
	9. As praias açorianas são famosas pelas condições que oferecem para a prática de *surf*.	
	10. O Cozido das Furnas e a sardinha assada são duas das iguarias da região.	

Entre Nós

18. Leia o folheto e confirme as suas respostas.

Informações gerais

O arquipélago dos Açores situa-se em pleno Atlântico entre a América do Norte e a Europa, a 760 milhas marítimas de Lisboa. É composto por nove ilhas de origem vulcânica que se subdividem em três grupos: Oriental, Central e Ocidental.

Clima

Os Açores têm um clima temperado marítimo e suave. Os valores médios de temperatura oscilam entre os 13 °C (55 °F) no inverno e os 23 °C (73 °F) no verão. A temperatura da água varia entre os 17 °C e os 24 °C (63 °F e 75 °F).

Quando ir?

Uma época interessante para visitar o arquipélago é entre junho e setembro, período durante o qual ocorrem as festas: as Sanjoaninas em junho, as Festas do Espírito Santo em julho e a Semana do Mar em agosto, no Faial.

Como ir?

Para chegar aos Açores, o meio mais usual é o transporte aéreo. As ligações fazem-se através dos aeroportos de Ponta Delgada (ilha de São Miguel), Lajes (ilha Terceira) e Horta (ilha do Faial).

Como se deslocar?

Para se deslocar entre ilhas, o melhor meio é o transporte aéreo já que todas as ilhas têm aeroporto ou aeródromo. Também existe um barco que faz a ligação entre São Miguel e Santa Maria no Grupo Oriental.

No Grupo Central, o Cruzeiro das Ilhas percorre as 5 ilhas, Faial, Pico, São Jorge, Terceira e Graciosa. Entre as Flores e o Corvo, no Grupo Ocidental, também existe uma ligação marítima.

Onde ficar?

Há inúmeras possibilidades de estadia em todo o arquipélago que vão desde as "Quintas" (e respetivas casas senhoriais) até aos parques e áreas de campismo.

O que comer?

Do mais humilde ao mais requintado, os restaurantes açorianos sabem abrir o apetite. A não perder: o Cozido das Furnas, cozinhado e içado ao fim de 5 horas de buracos no solo em visível atividade vulcânica; o peixe bem fresco e cozinhado de forma simples ou servido em sopas ou guisados; os crustáceos (a lagosta, o cavaco, a santola ou a craca) e, para sobremesa, um queijo de São Jorge ou um dos muitos doces da terra.

O que fazer?

Os Açores são dos conjuntos de ilhas mais diversificados do mundo. Situam-se na rota migratória de muitos cetáceos, sobretudo cachalotes, sendo o *habitat* de inúmeras espécies de peixes. Oferecem, por isso, uma ótima oportunidade para a observação de golfinhos e baleias ou para a prática do mergulho. Escalar montanhas ou passear pelos campos, vales e aldeias pitorescas é outra opção: o olhar perde-se entre as lagoas verdes e azuis, as crateras de vulcões extintos e o vapor que sai da terra.

Adaptado de folheto turístico

Cofre de Sons e Letras

Acentuação (revisões)

19. Coloque os acentos necessários.

rubrica	textil	competencia	espontaneo
candidatos	alinea	onus	concorrencia
cargo	camara	tambem	decisão
gratis	papeis	secretaria	alem
propor	prejuizo	distribuiu	ambiguo
bonus	cafeina	facilmente	lucrativo

Ortografia

20. Nos quadros encontra palavras relacionadas com o mundo empresarial. Corrija os erros quando necessário.

empresa	produto	trabajador
estrutura	ventas	colega
departamento	cliente	chefe
sucursal	factura	diretor

introducir	fábrica	conferencia
elegir	edificio	presentação
gerir	gabinete	pregunta
establecer	escritorio	público

21. Ouça e confirme.

Itinerário

Etapa 1: ao telefone

22. Ouça o telefonema e complete o quadro.

Quem telefona	
Quem atende	
Motivo do telefonema	

23. Ouça novamente. Escolha a opção correta.

1. Para se identificar, quem telefona diz:

   a. Boa-tarde. Sou eu, o Paulo.

   b. Boa-tarde. Fala Paulo Costa. Como está?

   c. Boa-tarde. O meu nome é Paulo Costa. Estou a falar da parte de Vítor Pinto.

2. A telefonista informa que o diretor:

   a. está fora do país.

   b. está ocupado.

   c. foi almoçar com um cliente.

3. O que é que a pessoa que telefona faz?

   a. Deixa recado.

   b. Diz que volta a telefonar.

   c. Desliga irritada.

Itinerário
Etapa 2: simulações

 24. Simule as situações com o seu colega.

Situação 1

Vai telefonar para uma empresa para falar com o gerente para apresentar uma reclamação acerca de uma viagem que foi cancelada. Ele está a par do que se passa. Identifique-se, pergunte qual é a extensão dele e justifique o motivo do seu telefonema. A telefonista informa-o de que ele não está (inventa uma desculpa). Deixe recado.

Situação 2

Telefone para um colega seu. Identifique-se e agende uma reunião (hora e local). O seu colega é muito comunicativo e começa a falar de outros assuntos. Como está com pressa, interrompa o telefonema de um modo convincente.

Expressões úteis

Fazer chamadas	Justificar uma chamada
Identificar-se: Bom-dia, estou a falar da parte de... O meu nome é... **Pedir ligação:** Extensão 45, por favor. Podia ligar-me à extensão...	Estou a telefonar para... Gostaria de falar com... sobre... Ele está à espera da minha chamada. **Insistir:** É um assunto de extrema importância. Esta é a terceira vez que telefono. Temo que seja mesmo urgente.

Desligar	
Prazer em ouvi-lo. Com licença. Disponha sempre.	Preciso de desligar. É que... Gostei de conversar, mas... Estou atrasado para um compromisso. Certo, então... Lamento, mas ...

Retrospetiva

1) Complete as frases com: *embora / desde que / para que / até que*.

   a. Só assino o contrato _____ satisfaçam as minhas condições.

   b. _____ precisemos de mais pessoal, não podemos contratar ninguém nesta altura.

   c. Vamos ampliar a cantina _____ os funcionários se sintam mais à vontade.

   d. Teremos de reduzir as despesas _____ a empresa saia da crise.

2) Passe as frases para o **imperfeito do conjuntivo**. Faça as alterações necessárias.

   a. Fazemos um grande esforço para que a empresa não vá à falência.
   _____

   b. Vou assinar o contrato antes que seja demasiado tarde.
   _____

   c. Não desisto do projeto até que haja instruções em contrário.
   _____

   d. Só reabrimos a fábrica desde que estejam reunidas todas as condições.
   _____

   e. Só podemos contratar duas pessoas, a não ser que a direção mude de ideias.
   _____

   f. Há quem vá trabalhar para Angola por não ter emprego em Portugal.
   _____

   g. Oxalá encontres um emprego à tua altura.
   _____

   h. Não conheço ninguém que queira trabalhar 8 horas por dia a receber 3 euros à hora.
   _____

   i. Agradeço que me enviem a documentação até segunda-feira.
   _____

   j. É provável que eles se demitam antes do fim do ano.
   _____

As minhas competências	😁	🙂	😐	🙁
1. Sou capaz de comentar títulos de imprensa.				
2. Sou capaz de usar o presente e o imperfeito do conjuntivo.				
3. Sou capaz de compreender cartas de candidatura.				
4. Sou capaz de compreender um folheto turístico.				
5. Sou capaz de falar ao telefone (iniciar e justificar uma chamada e desligar).				

Ponto de Encontro 1

1. Una as frases com as locuções dadas entre parênteses. Faça as alterações necessárias.

Infinitivo pessoal

1. Estudo todos os dias. Ainda tenho muitas dúvidas. (apesar de)
   _____

2. Ouçam o diálogo. Depois, leiam-no. (antes de)
   _____

3. Precisas da minha ajuda. Telefona-me. (no caso de)
   _____

4. Empresto-te os meus apontamentos. Devolve-mos amanhã. (na condição de)
   _____

5. Revê a última unidade do livro. Tens nota positiva no exame. (a fim de)
   _____

6. Faça o teste de colocação. Depois, saberá qual é o seu nível. (depois de)
   _____

2. Complete as frases. Faça as alterações necessárias.

Present subjunctive

1. É conveniente terem uma ideia do mercado de trabalho antes de viajarem.

   É conveniente que _____

2. Era melhor compararem o cartaz de Torres Vedras com o de Ovar.

   Era melhor que _____

3. Convém enviares a tua carta de apresentação juntamente com o CV.

   Convinha que _____

4. Seria interessante verem as estatísticas.

   Era interessante que _____

5. Sem fazeres pesquisa, não podes escrever o trabalho.

   Sem que _____

6. Vou passar pela secretaria antes de a Joana sair.

   _____ antes que _____

Ponto de Encontro 1

3. Infinitivo pessoal ou **impessoal**? Corrija quando necessário.

1. Proibido tomar banho.
2. É favor não fumarem.
3. Senhores passageiros, façam o favor de se dirigirem à porta de embarque.
4. Assinamos o contrato na condição de vocês nos garantir uma subida de salário.
5. Ao ver o avião, sentiram uma grande emoção.
6. Eles ficaram a estudar.
7. Querer é poder.
8. Estamos a fazermos um estudo sobre minorias.
9. Não lavar à mão.
10. Aplicar sobre o cabelo molhado.

4. Indicativo, infinitivo pessoal ou **conjuntivo**?

1. Possivelmente, vocês _____ (esperar) alguns meses até _____ (obter) o visto.
2. É provável que a Maria não _____ (adaptar-se) a Portugal.
3. O Rui ainda não telefonou? Se calhar, _____ (perder-se).
4. Talvez _____ (regressar) um dia ao meu país.
5. Não sabes nada da Helen? Não me parece que ainda _____ (estar) em Madrid.
6. É certo que ele já _____ (conseguir) o emprego.
7. Quando _____ (vir) a Portugal, podes ficar lá em casa.
8. Telefona-me sempre que _____ (querer).
9. Enquanto _____ (estar) na faculdade, tentarei dar o meu melhor.
10. Caso _____ (conseguir) falar com a Rita, diz-lhe que a reunião foi adiada.
11. Receei que _____ (vocês / querer) cancelar o jantar.
12. Há quem _____ (ir) para fora quando perde o emprego.

Ponto de Encontro 1

5. Corrija as partes destacadas quando necessário.

1. **Caso que** possas vir mais cedo, estaciona.
2. **Apesar de que** não gostarmos de fado, acompanhámos uns amigos.
3. **Seja como seja**, é inútil mantermos o prazo.
4. Ele fala com a equipa **como se** fosse o chefe.
5. **Por muito difícil que é**, vamos ter de despedir dois colaboradores.
6. **Digam o que digam**, a verdade é que já não pagam os salários há três meses.
7. **Ainda que** gostem do que fazem, esforçam-se pouco.
8. **Mesmo que** queiram investir numa carreira na área da Psicologia, eles sabem que têm poucas saídas no mercado de trabalho.

6. Condicional (C), imperfeito (I) ou **ambos (A)**? Justifique as suas opções.

1. **Eram / Seriam** dez horas quando chegámos. Tenho a certeza porque olhei para o relógio.
2. **Gostaríamos / Gostávamos** que jantasse connosco.
3. Vi um vulto. **Era / Seria** um ladrão?
4. A Maria **estava / estaria** muito gorda naquela altura, mas agora já emagreceu.
5. **Queria / Quereria** uma bica, por favor.
6. No teu lugar **fazia / faria** exatamente o mesmo.
7. Eu até **ia / iria** convosco, mas a questão é que ainda não sei se saio a tempo.

7. Relacione as colunas.

1. tirar	a. às aulas
2. cumprir	b. uma direta
3. faltar	c. um encontro
4. integrar	d. um emprego
5. contrair	e. uma equipa
6. fazer	f. um curso
7. arranjar	g. um empréstimo
8. combinar	h. a tradição

1 ___   2 ___   3 ___   4 ___   5 ___   6 ___   7 ___   8 ___

Ponto de Encontro 1

8. Coloque o **pronome (reflexo, direto ou indireto)** no local adequado. Faça as alterações necessárias.

1. Já viste o cartaz do Carnaval de Torres? _____ encontrei _____ ontem na Internet.
2. Ninguém _____ disse _____ que a Embaixada estava fechada.
3. Se _____ queres _____ mascarar a preceito, tens de ir a uma loja que eu conheço.
4. Este ano, não _____ apeteceu _____ ir às marchas? Gostavas tanto!
5. Se vocês _____ despacharem _____ a horas, ainda podemos ver o corso.
6. Não _____ preocupes _____ tanto! A vida são dois dias!
7. Caso _____ despeçam _____, vou procurar emprego noutro país.
8. Já recebemos a proposta. Amanhã vamos _____ discutir _____.
9. _____ parece _____ que tens pouca confiança em ti próprio.
10. Os meus colegas _____ ofereceram _____ um jantar de despedida.
11. _____ importas _____ de passar pela universidade logo à tarde?
12. Embora _____ dedique _____ imenso aos estudos, não consigo ter boas notas.
13. Alguém _____ contou _____ que estavas desempregado. É verdade?
14. Para _____ dizer _____ a verdade, nenhum dos candidatos _____ impressionou _____. E a vocês?
15. Temos _____ sentido _____ muito desmotivados na empresa.
16. Por mais que _____ queiras _____ convencer, não consegues. Ele é de ideias fixas.
17. Só _____ empresto _____ os meus apontamentos, se _____ prometeres _____ que _____ trazes _____ até sexta-feira.
18. Alguns professores _____ tratam _____ como se fôssemos crianças.

Até que a morte nos separe?

Nesta unidade, as minhas tarefas são:

- Refletir sobre mudanças sociais e estilos de vida.
- Reproduzir discurso.
- Ler uma história.
- Ler texto informativo sobre as mudanças no conceito de família em Portugal.
- Ouvir e compreender diálogos.
- Simular uma situação de crise familiar (expressar sentimentos).

Para isso, vou estudar:

Gramática	Vocabulário	Fonética / Ortografia	Cultura
• Pretérito mais--que-perfeito composto do indicativo • Discurso direto / discurso indireto	• Família • Relações pessoais • Estilos de vida • Comparações idiomáticas	• Letra *l* • Ligação fonética entre palavras: *l* final + vogal inicial • Contraste *l* / *lh*	• *Diário Lexical:* Pedro e Inês • *Entre Nós:* As novas famílias portuguesas

Tudo a postos?

1. Concorda com os seguintes ditos populares? Porquê?

"Quem casa, quer casa."

"Longe da vista, longe do coração."

"Antes sozinho que mal acompanhado."

"O amor é cego."

"Não há amor como o primeiro."

2. As características das famílias bem como as opções de vida de cada um têm vindo a mudar em Portugal. Quais das seguintes afirmações também se aplicam à realidade do seu país?

1. A taxa de divórcios tem aumentado nos últimos anos.
2. Por motivos profissionais, as pessoas casam-se cada vez mais tarde.
3. Muitos casais preferem viver em união de facto a oficializar a relação.
4. Há cada vez mais pessoas que preferem viver sozinhas.
5. O número de filhos por agregado familiar diminuiu.
6. As mulheres são mães perto dos 30 anos.
7. O casamento entre pessoas do mesmo sexo é legal.

3. Ouça o diálogo sem ler a transcrição e decida se as afirmações são verdadeiras ou falsas. Corrija as informações falsas.

V		F
	1. O casal que se vai divorciar sempre se deu mal.	
	2. O sonho da Verónica é casar pela igreja.	✓
✗ ✓	3. A maioria dos portugueses vive em união de facto.	✓
✓	4. O divórcio ainda não é bem aceite no meio rural.	
	5. A Sandra arrepende-se da decisão que tomou.	
	6. O Tomás é o ex-marido da Sandra.	✓

Tudo a postos?

4. Leia a transcrição do diálogo.

1	Verónica: Sandra, não vais acreditar no que te vou contar!
	Sandra: O que é que aconteceu?
	Verónica: A Mónica disse-me que o marido lhe tinha pedido o divórcio.
	Sandra: Não me surpreende, eles davam-se como cão e gato.
5	Verónica: Pois davam. Aliás, eu sempre lhe disse que ele não era flor que se cheirasse, mas ela nunca me deu ouvidos.
	Sandra: É lá com eles. E tu? Quando é que juntas os trapinhos com o teu mais-que--tudo?
	Verónica: Nós queríamos viver juntos, mas o meu pai passa a vida a dizer que sonha
10	com o dia em que me vai levar ao altar. É complicado.
	Sandra: E depois? Tens de pensar em ti e na tua felicidade.
	Verónica: Eu sei que as coisas hoje em dia já não são o que eram e é-me indiferente o que os outros dizem, mas custa-me magoar os meus pais.
	Sandra: Tens de fazer o que é certo para ti, vais ver que eles vão acabar por aceitar.
15	Verónica: Até pode ser que sim. O problema seria quando tivéssemos um filho.
	Sandra: Essa agora! São cada vez mais as pessoas que vivem em união de facto e que têm filhos.
	Verónica: Eu concordo contigo, mas tens de perceber que nós vivemos num meio pequeno. Tu vives em Lisboa, é bem diferente.
20	Sandra: Não é bem assim. Ainda hoje me criticam por ter pedido o divórcio.
	Verónica: Olha que eu admiro a tua coragem. Ficares sozinha ao fim de 15 anos...
	Sandra: Não é uma questão de coragem, mas de se aceitar que, por vezes, as pessoas deixam de caminhar juntas na mesma direção e é preferível que cada um siga o seu caminho. Corajosa foi a atitude do meu primo Tomás quando assumiu a
25	relação com o Vasco e nos revelou que se queria casar.
	Verónica: É verdade. Ainda não sei como é que ele conseguiu enfrentar tudo e todos daquela maneira. Deve estar a passar as passas do Algarve.
	Sandra: Olha que não. Como ele costuma dizer: "Águas passadas não movem moinhos." Ele disse-me que a família já tinha aceitado a nova situação e que estava
30	felicíssimo com a decisão que tinha tomado.
	Verónica: Fico contente por ele. Bem, tenho de ir. Depois conversamos com mais calma.
	Sandra: Telefono-te lá para sexta-feira. Entretanto, pensa no que eu te disse.

5. Procure no diálogo as expressões equivalentes às frases abaixo.

1. Ele não *era de confiança*.

2. *Cada um sabe de si*.

3. Quando é que te *casas*?

4. *Que disparate*!

5. Ele deve estar a *viver um período difícil*.

6. *Não vale a pena pensar no que já aconteceu*.

Bússola Gramatical

Pretérito mais-que-perfeito composto do indicativo

6. Leia os exemplos. Em seguida, complete as frases com os verbos *dizer*, *divorciar-se* e *passar* no **pretérito mais-que-perfeito composto do indicativo**.

> **Exemplo:**
> A Mónica disse-me que o marido lhe **tinha pedido** o divórcio.
> Ele disse-me que a família já **tinha aceitado** a nova situação...

Eu já **tinha desconfiado** que eles não estavam bem.

Antes de te casares, tu já me _____ que ele não era o que parecia.

Quando a conheci, ela já _____ .

Nós já **tínhamos visto** esse filme.

Em seis anos de casados, eles nunca _____ por uma fase tão difícil como esta.

Discurso direto / discurso indireto

7. Leia as frases. Que diferenças encontra entre o que é dito e o que é contado?

Discurso Direto	Discurso Indireto
"Ainda **moras** em Lisboa?"	Ela *perguntou-lhe* se ele ainda **morava** em Lisboa.
"Ele **pediu-me** o divórcio ontem."	Ela *contou-me que* ele **lhe tinha pedido** o divórcio ontem.
"**Vamos casar** em maio."	Ela *disse que* eles se **iam casar** em maio.
"**Sê** sincera comigo."	Ele *pediu-me que* **fosse** sincera com ele. ou Ele *pediu-me para* **ser** sincera com ele.
"Quanto **tivermos** dinheiro, **faremos** uma segunda lua de mel."	Ela *confessou que* quando **tivessem** dinheiro, **fariam** uma segunda lua de mel.

Bússola Gramatical

8. Hoje é dia **20** e a Carla está fora. Entretanto, pediu a uma amiga que fosse lá a casa para ver se ela tinha mensagens no atendedor de chamadas. O que é que a amiga lhe disse?

Dia 11

"Boa tarde, fala Peres Silva do gabinete de advogados. Agradecia que entrasse em contacto comigo o mais depressa possível. É conveniente revermos alguns dos pontos do seu processo de divórcio."

_____
_____
_____
_____
_____

Ontem

"Olá, mana! Estou a telefonar para te dizer que Cabo Verde é fabuloso. A ideia de virmos cá passar a nossa lua de mel foi ótima. O tempo tem estado bom e temo-nos divertido imenso. Faz-me um favor: telefona à mãe e diz-lhe que estamos bem. Um beijo."

_____
_____
_____
_____
_____

9. Em grupos de dois, passem o diálogo da secção *Tudo a Postos?* para o **discurso indireto**. Usem verbos como:

- responder
- dizer
- aconselhar
- perguntar
- insistir
- confessar
- pedir
- concordar

A Verónica e a Sandra encontraram-se na semana passada. A Verónica contou-lhe que...

Diário Lexical

Pedro e Inês

10. Existe uma história de amor que tem sido revisitada por poetas, historiadores e dramaturgos ao longo dos séculos, fazendo parte do imaginário de muitos portugueses. Passou-se no século XIV e teve como protagonistas uma dama galega e um príncipe português. Olhando para as palavras do quadro, acha que se trata de uma história com um final feliz?

desgosto	indiferentes	pôr	noiva	pressões
segredo	unia	casamento	cativou	amantes	apaixonou

11. Complete a história com as palavras do quadro.

1 Inês de Castro veio para Portugal, em 1345, como aia da princesa Constança de Castela, _____ de D. Pedro, filho de D. Afonso IV, rei de Portugal. Era uma donzela de linhagem fidalga, filha de D. Pedro de Castro, nobre guerreiro da Galiza, e bisneta do rei Sancho IV de Castela.

5 Inês vivia na Corte com D. Pedro e a sua esposa, desfrutando de tudo o que era apanágio dos nobres. A sua indescritível beleza, entretanto, _____ o príncipe herdeiro que por ela se _____.

O _____ com Constança, em 1356, não impediu Pedro de alimentar a paixão que nutria pela bela Inês, encontrando-se com ela em _____. O rei

10 D. Afonso IV não aprovava este amor por respeito a João de Castela, pai de Constança, e pela amizade que _____ o filho aos irmãos de Inês: Fernando e Álvaro de Castro.

A dada altura, os fidalgos da corte portuguesa começaram a sentir-se ameaçados pelos irmãos Castro e pressionaram o rei a manter o filho afastado da sua influência.

15 Cedendo às _____, o rei mandou exilar Inês num castelo perto da fronteira castelhana.

Apesar da distância, os _____ continuaram a comunicar-se secretamente: as suas cartas eram levadas pelos almocreves que transportavam as mercadorias de cidade para cidade.

20 Quis o destino que, entretanto, Constança morresse ao dar à luz D. Fernando I. Desafiando a vontade do pai e para _____ deste, Pedro mandou Inês regressar do exílio, o que causou um grande escândalo na corte. _____ a tudo e a todos, Inês e Pedro foram viver juntos e tiveram três filhos.

Passados alguns anos sobre a morte de Constança, os conselheiros alertaram o rei

25 para o facto de Inês poder _____ a coroa portuguesa em perigo se viesse a ser rainha ou se um dos seus filhos viesse a ser rei. Tal poderia significar o fim da Independência Portuguesa.

Diário Lexical

 12. Leia e escolha a opção correta.

1. Inês de Castro veio para Portugal

   a. porque estava apaixonada por Pedro.
   b. como dama de companhia da noiva de Pedro.
   c. para se casar com Pedro.
   d. porque tinha um namorado português.

2. Quando se apaixonou por Inês, Pedro

   a. notou que ela não lhe ligava.
   b. fez tudo o que pôde para evitá-la.
   c. foi infiel uma vez.
   d. não se conseguiu controlar e seduziu-a.

3. O rei D. Afonso IV opunha-se à união do filho com Inês

   a. pelo risco que Inês representava para o futuro de Portugal.
   b. por amizade ao rei de Castela.
   c. porque era pela moral e pelos bons costumes.
   d. por razões sociais e financeiras.

 13. O que é que acha que o rei fez perante as pressões da corte?

   a. Perdoou o filho, porque queria ver os netos.
   b. Obrigou Pedro a separar-se de Inês.
   c. Pediu desculpa a Inês.
   d. Deu ordem para que Inês fosse assassinada.

 14. Leia e confirme.

> 1 Instigado pelos nobres, o rei deu ordem para que Inês fosse brutalmente assassinada na Quinta das Lágrimas, em Coimbra. Pedro encontra Inês sem vida e coberta de sangue. Ferido e enraivecido, desafia o pai para uma guerra que só não aconteceu por intervenção de D. Beatriz, sua mãe.
> 5 Quando subiu ao trono, em 1357, Pedro mandou prender e executar os assassinos. Três anos depois, Pedro afirmaria que se tinha casado em segredo com Inês, na cidade de Bragança, e mandou construir dois túmulos na igreja do Mosteiro de Alcobaça. Num repousaria Inês e no outro ele próprio, quando a morte o levasse. A sua vontade foi cumprida e ainda hoje permanecem lado a lado como não o puderam fazer em vida.

 15. Conhece alguma história de amor com um final surpreendente? Conte-a.

Diário Lexical

Comparações idiomáticas

16. Por vezes, usamos comparações idiomáticas para descrever pessoas e atitudes.

> **Exemplo:**
> Eles davam-se **como cão e gato**.

Complete as frases com as palavras do quadro.

pato	Madalena	pavão	cão e gato	carraça	burro
mouro	varas verdes	tomate	cal	espeto
cata-vento	bode	lesma	rato

1. Quando pedi a tua mãe em namoro, ela ficou corada como um _____.
2. Lembras-te do meu primeiro namorado? Ele era volúvel como um _____.
3. É impossível falar contigo. Quando metes uma coisa na cabeça, és teimoso como um _____.
4. Não sei o que é que vês no Pedro. Eu acho-o vaidoso como um _____.
5. A Susana trocou o marido por outro. Tenho tanta pena dele. Sempre trabalhou como um _____ para sustentar a família.
6. Quando soube do divórcio da filha, a minha vizinha pôs-se a chorar como uma _____.
7. O João está muito abatido. Desde que se separou, anda magro como um _____.
8. Acho que devias pensar a sério no futuro dessa relação. Vocês dão-se mesmo como _____.
9. O Vítor envia-me mensagens de hora a hora e ao fim de semana não me larga. É chato como uma _____.
10. Ao fim destes anos todos, continuas a cair como um _____ nas histórias da tua mulher. Abre os olhos!
11. Quando me telefonaste a dar a notícia, fiquei branca como a _____. Não podia acreditar que a Maria te tinha traído.
12. No dia do meu casamento, tremi como _____ até dizer o sim.
13. Já viste a nova conquista da Rita? Coitado! É feio como um _____.
14. Quando o confrontei, ele ficou calado como um _____.
15. Tu és mesmo lento como uma _____. Ainda vamos chegar atrasados.

Entre Nós

Famílias e Estilos de Vida

17. Se pensar na última década, encontra muitas diferenças no seu país no que concerne às ideias relativas ao casamento, à união de facto, ao casamento entre pessoas do mesmo sexo ou ao celibato por opção?

18. Leia o texto e fique a saber o que mudou nas famílias portuguesas.

AS NOVAS FAMÍLIAS PORTUGUESAS

1   Estamos em 1958. "A Joaninha logo que se levanta, lava-se, penteia-se, veste-se e calça-se (...). Reza as suas orações, almoça e vai para a escola. Pobrezinha, mas muito lavada, vestido sem nódoas nem rasgões." O tom das lições do Livro de Leitura da 3ª Classe, do Ministério de Educação Nacional, espelhava o Portugal rural de então. Honrar a Deus
5   e a família hierarquizada e alargada era um valor inquestionável. Segundo a tradição, um homem fazia a tropa, arranjava um meio de sustento e um casamento para a vida; da mulher esperava-se que fosse prendada no lar, boa mãe e figura de retaguarda do marido. Os filhos ajudavam nas tarefas do campo e da casa e os mais sortudos seguiam os pequenos negócios familiares. ____(1)____
10 Muita coisa mudou a partir dos anos 70: o controlo da fecundidade, a legalização do divórcio, a feminização do mercado de trabalho e a migração para o meio urbano.
A partir dos anos 80, os afetos convertem-se na base dos compromissos que se criam, e desfazem, ao sabor dos valores e ambições de cada um, numa Europa globalizada. Mais escolarizada e livre, a sociedade civil rege-se de acordo com outras filosofias.
15 Filha de pais separados de classe média, Sónia Santos, 35 anos, pertence à geração dos que trabalham a recibo verde e fora da lógica das "nove às cinco." Habitação própria na zona de Benfica, muitas viagens ao estrangeiro como guia-intérprete e mãe solteira por opção. Luís, 4 anos, alegra-se quando a vê chegar à escola mais cedo, após alguns dias de ausência. ____(2)____
20 "O casamento não me diz nada, o modelo tradicional de família, sim. Mas, quando não resulta, é melhor encontrar melhor." Na prática, não cedeu aos apelos do homem que viveu com ela algum tempo e de quem teve o Luís, para sacrificar a carreira em nome do lar. Hoje, assumem-se como pais flexíveis, que dispensam até a regulação do poder paternal. Sónia acredita mesmo que o filho, graças à mobilidade que tem,
25 pertence a uma geração que fica mais preparada para a vida, "por contraste com os que, em famílias alargadas, são protegidos até muito tarde."

O que mudou, em meio século, nas famílias portuguesas? No final da década de 60, época retratada na série *Conta-me como Foi*, exibida na RTP 1, era-se mãe aos 24 anos.
30 Ter o primeiro e talvez o único filho aos 30 é um dos sinais da modernidade. A taxa de fecundidade atingiu o valor mais baixo de sempre: 1,36 filhos por mulher em idade fértil. Nos últimos 50 anos, a força do matrimónio perdeu-se (em 2006 foram menos de 48 mil) e quase metade efetua-se pelo civil (nos anos 60 eram 9,3 por cento).
Os censos mostram que, no espaço de uma década, as uniões de facto quase duplicaram,

Entre Nós

35 a par e passo com o aumento dos nascimentos fora do casamento.

«Os compromissos fazem-se na esfera privada e tornar-se pai ou mãe dispensa a oficialização de uma relação», afirma a socióloga Cristina Lobo, 52 anos, autora de uma tese de doutoramento sobre recomposição familiar. ___(3)___

Mas também um modelo alternativo de conjugalidade que se instalou nas sociedades
40 ocidentais. A investigadora lembra que Lisboa, Vale do Tejo e Algarve são as zonas onde os filhos fora do casamento ultrapassam a barreira dos 40%, muito superior à média (31%). Nos setores mais escolarizados, esclarece Cristina Lobo, "o homem que entra numa família monoparental já não é o pai substituto para os enteados, mas o companheiro da mãe, que, por sua vez, mantém boas relações com o 'ex' e a primeira
45 família».

Com praticamente um divórcio por cada dois casamentos, assistiu-se, no início deste século, ao aumento dos recasamentos aos 38 anos para elas e aos 43 para eles, em média. ___(4)___ Os percursos dos «teus, os meus e os nossos», baseados nas uniões de facto, instituíram-se como norma.

Fonte: Clara Soares in **Visão**, março 2008 (adaptado)

19. As seguintes frases foram extraídas do texto. A que parágrafos pertencem?

2 Trata-se, no entanto, de uma exceção à regra, nos meios urbanizados e bem inseridos no mercado de trabalho.

4 No caso das famílias recompostas, as dos «teus, os meus e os nossos», não casar pode ser uma decisão estratégica, por razões patrimoniais.

3 Com o pai e a avó presentes, ele está habituado a saltar de casa em casa e sente-se à vontade com isso. Ela também.

1 A liberdade individual não passava de uma ficção.

20. Responda às perguntas.

1. Quais eram as características da família portuguesa na década de 50?
   tradicional, religiosa, com muitos filhos.
2. Que tipo de papéis desempenhavam o homem e a mulher no lar?
   papéis tradicionais.
3. Que fatores contribuíram para a viragem social que se registou ao longo dos anos 70 e 80?
   O controlo de fecundidade, divórcio, melhor educação
4. O que distingue a atuação da Sónia do comportamento da mãe da Joaninha?
   Sónia teve acesso à melhor educação
5. Quais são as características das famílias portuguesas na atualidade?
   As famílias são menores. Mais famílias monoparentais

21. Explique o sentido das partes em itálico:

1. "Segundo a tradição, *um homem fazia a tropa, arranjava um meio de sustento e um casamento para a vida*; da mulher esperava-se que *fosse prendada no lar*, boa mãe e *figura de retaguarda* do marido."

2. " (...) *os afetos convertem-se na base dos compromissos que se criam, e desfazem, ao sabor dos valores e ambições de cada um*, numa Europa globalizada."

Cofre de Sons e Letras

Pronúncia: letra l

22. Ouça e repita.

Início de sílaba	lado / lindo / lodo / lume
Entre vogais	alargar / ilegal / salão
Fim de sílaba	Portugal / papel / qual

23. Ouça e repita.

clube   blindado   bicicleta

claro   aplanar   florir

24. A pronúncia do **l** antes de palavras começadas por **vogal** e por **h** muda ligeiramente. Leia as frases com a ajuda do seu professor

1. O So**l é** perigoso.
2. Qua**l é** o teu nome de solteira?
3. O Su**l é** mais soalheiro do que o Norte.
4. O espanho**l e**ntra mais facilmente no ouvido.
5. No fina**l, h**á sempre discussão.

l / lh

25. Ouça e repita.

calar	calhar
falar	falhar
falo	falho
fila	filha
mala	malha
mola	molha
óleo	olho
pala	palha
tala	talha
vela	velha

cento e nove 109

Itinerário

Etapa 1: compreensão de diálogos

26. Viver a dois não é fácil. A seu ver, quais dos seguintes motivos é que provocam mais desentendimentos?

	+	+/-	-
1. Divisão das tarefas domésticas			
2. Rotina			
3. Idas a casa dos sogros ao fim de semana			
4. Educação dos filhos			
5. Preparação das refeições			
6. Questões financeiras			
7. Relações anteriores			
8. Saídas com amigos			
9. Diferentes perspetivas de vida			
10. Dedicação excessiva ao trabalho de uma das partes			
11. Destinos de férias			
12. Falta de sentido de humor			

27. Vai ouvir dois diálogos entre dois casais. Qualifique as relações entre eles. Recorra aos adjetivos do quadro.

45/46

| conflituosa | amigável | tensa | explosiva | terna |

28. Ouça novamente e identifique que tipo de sentimentos é expresso em cada um deles.

45/46

	Diálogo 1	Diálogo 2
irritação		
ternura		
incompreensão		
frustração		
tristeza		
desilusão		
desconfiança		

Itinerário

 29. Escreva o que aconteceu na segunda situação.

 30. Compare o seu resumo com os dos seus colegas.

Etapa 2: simulação

 31. Em grupos de dois, vão decidir o que é que vai acontecer ao casal B no dia seguinte. Usem expressões do quadro para escrever o diálogo.

Expressões úteis

Pedir desculpa / mostrar arrependimento	Tentar a reconciliação
Falei por falar. Não te queria magoar. Desculpa. Não fiques zangado/a. Foi só da boca para fora.	Temos de falar. Não queres fazer as pazes? Não fiques assim... Não é motivo para tanto. Amorzinho, não sejas assim...

Desculpar	Não desculpar
Estás desculpado/a. Esquece... Não se fala mais nisso. Desta vez passa. Deixa estar. Não penses mais nisso.	Foste longe de mais. Não merecia isto. Estou muito magoado/a. Estou farto/a. Ninguém aguenta uma coisa destas. Isto assim não é vida.

 32. Leiam o diálogo à turma.

Retrospetiva

1) Passe as frases para o **discurso indireto**. Use os verbos do quadro.

contar	perguntar	dizer	sugerir
aconselhar	confessar	pedir	

a. Paula: "Lembras-te do dia do teu casamento? Fiz o que pude para controlar os nervos, mas acabei por desmaiar à porta da igreja."
_____
_____

b. Sónia: "Não me vejo no papel de mãe."
   Maria: "Reconsidera. É uma experiência incrível."
_____
_____

c. "Pensa bem na tua vida antes de tomares uma decisão definitiva."
_____

d. Carlos: "Agradeço que não me incomodes com as tuas inseguranças."
_____

e. Lurdes: "Se tivesse a tua idade, não perdia tempo com romances passageiros."
_____

f. Maria: "Quando chegares aos trinta, é provável que te sintas preparada para assumir uma relação."
_____
_____

g. Vasco: "Percebi que não fazia sentido lutar pelo meu casamento."
_____

h. Soraia: "Temos a nossa lista de casamento numa loja no Chiado."
_____

As minhas competências	😁	🙂	😐	🙁
1. Sou capaz de reproduzir o discurso de outros.				
2. Sou capaz de comentar uma crónica.				
3. Sou capaz de contar uma história.				
4. Sou capaz de compreender opiniões.				
5. Sou capaz de interagir em situações de crise (expresso sentimentos; peço desculpa; perdoo).				

Notícias de Angola.

Nesta unidade, as minhas tarefas são:

- Ler e ouvir notícias sobre Angola.
- Conhecer a história e a geografia de Angola.
- Obter informações sobre Luanda a partir de um blogue.
- Conhecer os hábitos dos angolanos nos tempos livres.
- Ouvir e analisar diferentes pontos de vista sobre Angola a nível económico e social.
- Fazer uma apresentação sobre um país lusófono.

Para isso, vou estudar:

Gramática	Vocabulário	Fonética / Ortografia	Cultura
• Relativos variáveis • Voz passiva (1)	• Imprensa • Atualidade • Geografia • Sociedade • Economia • Meios de comunicação • Expressões angolanas	• Pontuação: uso da vírgula • Entoação e pontuação	• *Diário Lexical*: Luanda • *Entre Nós*: Tempos livres dos angolanos • *Itinerário*: Economia e sociedade

Tudo a postos?

1. Responda às perguntas.

1. Que países africanos têm o português como língua oficial?
2. Leia as notícias abaixo. A qual desses países acha que se referem? Justifique a sua escolha.
3. Identifique a qual das secções dizem respeito.

AMBIENTE	CIÊNCIA E TECNOLOGIA	CULTURA	DESPORTO	ECONOMIA	MUNDO
POLÍTICA	PROVÍNCIAS	RECONSTRUÇÃO NACIONAL	SAÚDE	SOCIEDADE	TURISMO

Lubango
Aeroporto receberá voos internacionais a partir de 2012

Ler mais

Cunene
Distribuídos mais de 700 mosquiteiros

Ler mais

Moxico
Associações apresentam projetos ambientais

Ler mais

Huíla
Excesso de velocidade e não cedência de prioridade na origem de acidentes graves

Ler mais

Huambo
Barragem de Ngove abrirá as portas ao progresso da região

Ler mais

Luanda

Luanda

Hoje 26 °C

Máx: 29 °C   Min: 23 °C

Amanhã

Máx: 28 °C   Min: 23 °C

Bengo
Ensino de música em centros infantis

Ler mais

Benguela
Construção de hospital de referência no município de Ganda

Ler mais

Cabinda
Troço Buço Zau / Necuto começa a ser reabilitado

Ler mais

Malanje
Primeira clínica dentária privada em Malanje em vias de concretização

Ler mais

Tudo a postos?

 2. Leia a notícia e relacione-a com um dos títulos anteriores.

> 743 mosquiteiros foram distribuídos gratuitamente à população do município de Cuvelai, na província do Cunene, pelo setor de saúde pública. Com esta iniciativa pretende-se prevenir casos de malária e sensibilizar a população para o uso correto dos mosquiteiros. Beneficiaram desta ação 374 crianças e 37 grávidas.

 3. Qual foi o objetivo da iniciativa levada a cabo no Cunene? A quem se destinou?

 4. Ouça as notícias e complete o quadro.

48-51

	Quem? / O quê?	Onde?	Quando?	Porquê?
Notícia 1				
Notícia 2				
Notícia 3				
Notícia 4				

 5. Faça perguntas aos seus colegas sobre as notícias.

 6. Escolha uma das notícias e resuma-a a partir das suas notas.

 7. Com que ideia ficou da atualidade do país?

Bússola Gramatical

Relativos variáveis

8. Leia as regras sobre o uso dos **pronomes relativos variáveis**. Em seguida, siga o exemplo e complete as frases.

> A. Nas frases relativas podemos substituir *onde*, *que* e *quem* por **preposição + o qual / os quais / a qual / as quais**, que concordam em género e em número com o antecedente.

> **Exemplo:**
> A província **na qual** (=em que) esta iniciativa foi organizada regista um índice moderado de casos de malária.

1. A casa ___onde ✓ em que/na qual___ ficámos data do período colonial.
2. O colega ___a quem ✗ que/do qual___ te falei é de Benguela.
3. As aulas ___as quais ✓ /que___ assistimos fazem parte do projeto de leitura.
4. Os alunos angolanos ___aos quais___ atribuímos bolsas de estudo já chegaram a Lisboa.

> B. Os relativos *cujo / cuja / cujos / cujas* expressam posse. Concordam em género e em número com o nome que os segue.

> **Exemplo:**
> O novo condomínio de luxo, **cuja** localização é excelente, é uma boa oportunidade de negócio.

1. A colega ___cuja ✓___ proposta aprovámos parte amanhã para Huambo.
2. A iniciativa "Encruzilhada", ___cujo ✓___ patrocínio ainda não foi aprovado, visa a reabilitação de um bairro com graves problemas sociais.
3. As crianças ___cujos ✓___ pais têm dificuldades económicas virão connosco.
4. O António Santos, ___cujo ✓___ desempenho tem sido notável, será responsável pela formação em "Estratégias Empresariais".

Voz passiva

9. Leia as frases.

Troço Buço Zau / Necuto **começa a ser reabilitado**.

O custo da obra **foi avaliado** em 105 milhões de euros.

O parque industrial da Caála **será recuperado** com a construção da hidroelétrica.

743 mosquiteiros **foram distribuídos** gratuitamente.

10. Todas as formas verbais destacadas nas frases anteriores estão na **voz passiva**. Comente a estrutura com o seu professor.

Bússola Gramatical

11. Siga o exemplo e passe os seguintes títulos e frases para a **voz passiva**.

> **Exemplo:**
> Estudantes de Agronomia **visitam** propriedades agrícolas no Bié.
> Propriedades agrícolas no Bié **são visitadas** por estudantes de Agronomia.

1. Casos de malária têm afetado muitas crianças com menos de 5 anos.
2. O Governo anunciou a criação de uma escola no Lubango.
3. Construção de barragem fomentará o progresso da região
4. Os ministros estão a fazer um esforço para resolver problemas nos setores da educação e da saúde.
5. Governo lança projeto contra a desertificação
6. BNA faz estudo sobre a inflação

Muitas crianças

12. Siga o exemplo e passe as frases para a **voz passiva**.

> **Exemplo:**
> Se **melhorarem** as infraestruturas, o país poderá progredir significativamente.
> Se as infraestruturas **forem melhoradas**, o país poderá progredir significativamente.

1. Só saberão se o projeto é viável quando fizerem um estudo geológico do terreno.

2. É possível que construam uma nova estrada no município no próximo ano.

3. Se criassem mais cursos de formação, haveria mais mão de obra angolana qualificada.

4. Quando implantarem este programa, a produção agrícola da região melhorará.

Diário Lexical

13. O Marco vive em Luanda há seis meses. Leia os comentários que fez no blogue.

Seguir   Partilhar   Denunciar abuso   Blogue seguinte»

ANGOLA

Caluandas
Quinta-feira, 19 de janeiro

Se pensarem que Angola tem aproximadamente de 15 milhões de habitantes e que cerca de 25% da população vive na capital, talvez compreendam o uso do adjetivo caótico quando se fala de Luanda. Seja como for, é com sincera admiração que observo o modo como muitos angolanos, cuja esperança de vida ronda os 42 anos, fazem face aos desafios do dia a dia. Pelas ruas, veem-se muitos zungueiros a venderem o que podem por meia dúzia de kwanzas, o que se para nós não é nada, para eles pode significar a única refeição do dia.

Paisagem urbana
Segunda-feira, 18 de fevereiro

Ao andar pelas ruas e avenidas de Luanda, percebe-se que pouco resta da herança colonial. Os prédios degradados pela guerra começam, a pouco e pouco, a contrastar com novos e luxuosos edifícios e complexos hoteleiros.
Embora a vontade de reconstrução do país seja evidente nas inúmeras gruas que se erguem por todo o lado, os musseques lembram que ainda há muito a fazer até que todos possam beneficiar de uma qualidade de vida aceitável.

Nesses bairros pobres, onde a eletricidade teima em faltar e o exíguo espaço doméstico é partilhado por famílias numerosas, os dias fazem-se de esperança por uma vida melhor. Enquanto as crianças brincam em liberdade, os mais velhos guardam na memória outros tempos marcados pela instabilidade, pelo medo e pela fome trazidos pela guerra civil que devastou o país durante 27 anos. O presente, contudo, faz-se de esperança e de uma incrível capacidade de desfrutar de cada dia que passa como se não houvesse amanhã.

Diário Lexical

Jornais
Terça-feira, 17 de março

Quiosques e papelarias são coisa rara por aqui. Só há dois diários: o *Jornal de Angola* e o *Jornal de Desporto*. Outros como o *Angolense*, o *Folha 8* ou o *Jornal Agora* só saem ao sábado. Hoje vou tentar comprar o *Jornal de Desporto* a caminho do escritório. Não é difícil. É só abrir a janela e estender o braço já que os ardinas circulam entre as enormes filas de carros que, diariamente, se formam nos acessos à cidade.

Transportes
Quarta-feira, 18 de março

Quando aterrei em Luanda, em 2008, olhei à minha volta e nem sinal de autocarros ou de táxis. Nesse momento, pensei no que faria se não tivesse o motorista à minha espera. Hoje em dia, o cenário mudou para os menos privilegiados do que eu. À saída do aeroporto, que entretanto se modernizou, já existe uma praça de táxis.
No dia a dia, o candongueiro, a versão angolana de autocarro, é o transporte mais usado. A deslocação faz-se numa carrinha Hiace pintada de azul e branco, ao som de uma das rádios locais ou de animadas conversas entre os restantes 12 ou 15 passageiros. Não, não é erro contabilístico. Aqui a lotação é determinada pelo poder de arrumação do motorista.

Língua(s)
Quinta-feira, 19 de abril

Desenganem-se os que pensam que por aqui só se fala o português de Camões com sotaque de Coimbra. Em Angola, tal como em Moçambique, São Tomé e Príncipe e na Guiné-Bissau, também se falam outras línguas por todo o país. São as chamadas línguas nacionais que eram faladas pelas etnias que habitavam no território aquando da chegada dos portugueses.
Em atenção para com essas comunidades existe, inclusivamente, uma estação de rádio, a Rádio N'gola Yetu, que transmite, a partir de Luanda, em 12 idiomas: bângala, cokwe, fiote, luvale, lunda, kikongo, kimbundu, kwanyama, ngangela, nyaneka-humbi, umbundu, songo.
Na província de Luanda, a interferência mais direta no português vem do kimbundu que juntamente com o ovimbundu e o kikongo constituem o grupo das três línguas nacionais mais faladas. Deixo-vos, entretanto, com o convite para decifrarem algumas palavras e expressões: *não tem maka; estamos juntos; cota; birra; dama; sapar; bina; bumbar; massa.*

Diário Lexical

Viagens
Domingo, 22 de abril

Sempre que posso, tento sair do caos urbano e explorar outras paragens. Confesso que o facto de viver num país com 1.246.700 km² me fascina. Da savana aos planaltos, passando por lagos e praias, a paisagem angolana não para de me surpreender. Se bem que muitas estradas sejam de terra batida, o esforço compensa.

No sábado passado, a caminho de Malanje, terra da palanca negra, uma espécie que só existe por estas bandas e que foi o símbolo do CAN 2010, impôs-se uma paragem nas quedas de Kalandula, que são nada mais, nada menos do que as segundas maiores de África. São um verdadeiro assombro. Também digna de registo foi a minha visita às Pedras Negras Pungo Andongo, onde se encontram as ruínas de uma fortaleza de um dos reinos do território angolano (reis Ngola). Segundo a lenda, estão marcadas na rocha as pegadas do rei N'Gola Kiluange e da rainha N'Ginga.

Para quem quiser explorar os trilhos de Angola, recomendo ainda a Fenda da Tundavala na província de Huíla, o Miradouro da Lua perto de Luanda, as Quedas do Ruacaná no Cunene e as Quedas do Quemba no Bié. Para vos aguçar o apetite, incluo a foto das famosas quedas.

14. Responda às perguntas sobre o texto.

1. Que aspetos do dia a dia são mais destacados pelo Marco?
2. A que se devem os grandes contrastes urbanísticos na cidade de Luanda?
3. Como é que é o Marco se refere ao espírito angolano?
4. Que localidades é que o Marco já visitou? O que é que ele recomenda?

15. Resolva o desafio do Marco, relacionando as palavras e as expressões do quadro abaixo com as que ele escreveu na página anterior.

trabalhar	bicicleta	pessoa mais velha	não há problema
cerveja	concordo contigo	mulher / namorada	viajar dinheiro

Entre Nós

Tempos Livres

16. Que ideia tem das preferências dos angolanos e do modo como ocupam os tempos livres? Leia as frases e diga as que lhe parecem ser verdadeiras.

1. A maioria das famílias passa férias no estrangeiro.

2. Os angolanos preferem fazer férias na praia.

3. O futebol é o desporto mais popular.

4. Em relação aos tempos livres, a TV ocupa o primeiro lugar nas preferências.

5. A música é essencial na vida do angolano que adora uma boa farra.

6. Os jornais desportivos são os mais lidos.

7. Em termos de revistas, as preferências vão para os guias de televisão.

8. Quando vão às compras, os angolanos deslocam-se nos candongueiros.

9. As mulheres são responsáveis pelas compras porque são as que mais contribuem para o rendimento familiar.

Entre Nós

17. Ouça os resultados de um estudo sobre os hábitos de consumo dos angolanos e compare com as suas escolhas na atividade anterior.

18. Segundo o estudo, a televisão ocupa o primeiro lugar nas preferências dos inquiridos. Leia as grelhas de programação da TV Zimbo e da TPA.

19. A Vera vive em Luanda há alguns meses. Ouça a comparação que faz entre a programação televisiva em Angola e em Portugal. Tome notas.

20. Responda às perguntas.

1. O que é que ela diz sobre os telejornais?

2. A Vera ficou surpreendida com o tipo de publicidade que passa entre os programas. Porquê?

3. Que semelhanças encontra entre a programação angolana e a portuguesa?

21. Concorda com a ideia segundo a qual as grelhas de programação refletem a cultura de um país? Se pensar nos programas televisivos com mais audiência no seu país, o que é que conclui?

Cofre de Sons e Letras

Pontuação: uso da vírgula

22. Coloque as vírgulas necessárias.

1. O homem cujo restaurante abriu há um mês já vive em Benguela há oito anos.
2. Nunca como doces isto é tento não comer.
3. Em maio visitámos o Miradouro da Lua.
4. Quando estivemos em Benguela comemos muamba.
5. Dançámos bebemos comemos e divertimo-nos imenso.
6. O Pedro que é um excelente engenheiro está a dar-se bem em Luanda.
7. Se tivesse dinheiro investia no setor imobiliário.
8. A empresa fica a meia-hora do meu hotel. No entanto levo duas horas para lá chegar de carro.
9. Rui faz o que achares melhor.
10. O Carlos o António e a Maria perderam o pai na guerra.

23. Relacione as frases anteriores com as seguintes regras.

> É obrigatório o uso da vírgula depois de um vocativo e para assinalar:
>
> - enumerações;
> - uma oração subordinada quando está antes de uma oração subordinante;
> - orações intercaladas cuja omissão não altera o sentido da frase;
> - os complementos de tempo ou de lugar quando estão no início ou no meio da frase;
> - expressões explicativas (*isto é, ou seja*);
> - locuções e conjunções adversativas e conclusivas (*no entanto, porém, logo*).

24. Explique o uso ou a omissão da vírgula nas seguintes frases.

1. As colegas com quem estive ontem trabalham numa empresa de telecomunicações.
2. As casas, que visitámos, datam do período colonial.
3. A kizomba, que em kimbundu significa "festa", nasceu da mistura do semba e do zouk.
4. As mulheres cujos maridos faleceram na guerra vivem com muitas dificuldades.
5. A Feira de Imobiliário, que reuniu mais de 500 expositores, criou várias oportunidades de negócio.

Itinerário

Etapa 1: ouvir testemunhos

25. O Rui, a Sónia e o Pedro decidiram trocar Portugal por Angola. Ouça o texto A e complete os quadros.

Recursos naturais

Importações

26. Ouça a segunda parte do texto e responda às perguntas.

1. O que é que o Rui diz sobre o mercado angolano?

2. Que setores são referidos como oportunidades de negócio?

3. Segundo o texto, a oferta hoteleira é uma das prioridades do governo?

4. A que se deveu a sua visita a Angola?

Itinerário

27. O marido da Sónia foi trabalhar para Angola há dois anos para uma empresa de telecomunicações. A Sónia deixou Portugal e juntou-se a ele há dois meses. Ainda em fase de adaptação, tem observado como vive a população com menos meios. Observe abaixo uma das fotografias que a Sónia tirou. O que é que chama a sua atenção?

28. Ouça o que a Sónia revela sobre a fotografia e responda às perguntas.

1. Que idade tem a Maria? Onde mora?
   _____
   _____

2. Como é um dia na vida da Maria?
   _____
   _____

3. O que é que aconteceu à família?
   _____
   _____

4. Que tipo de ocupação tem a Maria?
   _____
   _____

29. Ouça a segunda parte do texto e tome notas.

30. Que informações obteve sobre os dois acontecimentos que mais afetaram Angola na segunda metade do século XX?

Etapa 2: apresentação de um país

31. Vai preparar uma apresentação sobre um país lusófono com os seus colegas． Sigam as instruções:

A) Dividam a turma em grupos.

B) Decidam que tópicos é que vão ser tratados por cada grupo (exemplos: demografia, sociedade, política, economia, história, gastronomia, música, arte, costumes).

C) Definam a estrutura da apresentação.

D) Pesquisem as informações necessárias.

32. Apresentem o trabalho.

Retrospetiva

1) Complete as frases com as preposições e com os relativos: **o qual / os quais / a qual / as quais**.

Exemplo:
A ilha **da qual** te falei fica a sul de Luanda.

a. Os meninos _____ trabalhei nasceram em Cabinda.

b. As estradas _____ andámos estavam em mau estado.

c. As províncias _____ lemos ficam a norte de Huíla.

d. O rapaz _____ aprendi estas expressões é de Luanda.

e. A palestra _____ recebi o convite realiza-se no dia 19.

f. O concerto _____ assisti teve a participação de vários músicos angolanos.

g. Gostei das cidades _____ vocês me levaram.

2) Passe as frases para a **voz passiva**.

a. Milhões de angolanos viram a final do CAN 2010.
_____

b. O governo vai acelerar a construção de estradas.
_____

c. Quando conhecemos o Paulo, vocês já o tinham contratado.
_____

As minhas competências	😀	🙂	😐	🙁
1. Sou capaz de usar a voz passiva.				
2. Sou capaz de compreender notícias.				
3. Sou capaz de dar informações sobre Angola.				
4. Sou capaz de compreender os resultados de uma sondagem.				
5. Sou capaz de apresentar um país.				

É golo!

Nesta unidade, as minhas tarefas são:

- Responder a um questionário.
- Compreender notícias e comentários desportivos.
- Falar de desporto e eventos desportivos.
- Ler uma carta.
- Comentar um jogo de futebol.

Para isso, vou estudar:

Gramática	Vocabulário	Fonética / Ortografia	Cultura
• Particípios duplos • *Estar* + particípio passado • Formas impessoais: partícula apassivante *se*; *se* impessoal	• Desporto • Imprensa desportiva • Gíria futebolística • Locuções prepositivas	• Letra *r* • Entoação e pontuação	• *Tudo a Postos*: Desporto português • *Entre Nós*: Personalidades

Tudo a postos?

1. Responda às perguntas.

1. Pratica algum desporto?

2. Costuma manter-se a par das notícias desportivas? Como?

3. Que modalidades despertam o seu interesse?

4. Qual foi a última vez que assistiu a um evento desportivo que o emocionou? O que é que viu?

2. O que sabe sobre o desporto português? Teste os seus conhecimentos.

1. Só 10 homens escalaram 14 montanhas com mais de 8000 m sem recurso a oxigénio artificial. Entre eles está:
   - a. João Garcia
   - b. Tiago Moreira
   - c. Bruno Carvalho
   - d. Rui Rosado

2. Fez história ao chegar à 66ª posição na classificação ATP de singulares. Chama-se:
   - a. Frederico Gil
   - b. Rui Machado
   - c. Pedro Sousa
   - d. Leonardo Tavares

3. Em que modalidade é que Nelson Évora conquistou a medalha de ouro nos Jogos Olímpicos de Pequim?
   - a. Atletismo
   - b. Salto em altura
   - c. Triplo Salto
   - d. Salto em comprimento

4. Em qual das seguintes modalidades é que Portugal já foi campeão do mundo?
   - a. Futebol
   - b. Hóquei em Patins
   - c. Basquetebol
   - d. Andebol

5. Venceu 14 das 21 maratonas em que participou nos anos 80 e 90. Trata-se de:
   - a. Ana Dias
   - b. Vanessa Fernandes
   - c. Rosa Mota
   - d. Aurora Cunha

6. Como se chama a competição de ténis realizada anualmente em Portugal?
   - a. Lisboa Open
   - b. Cascais Open
   - c. Porto Open
   - d. Estoril Open

7. Quais são os três clubes mais representativos do desporto português?
   - a. Benfica, Sporting e FC Porto
   - b. Benfica, Sporting e Belenenses
   - c. Sporting, Leixões e Benfica
   - d. Benfica, FC Porto e Rio Ave

8. Qual das seguintes figuras nunca jogou futebol?
   - a. Luís Figo
   - b. Cristiano Ronaldo
   - c. Eusébio
   - d. Carlos Lopes

Tudo a postos?

3. Compare as suas respostas com as dos seus colegas. Confirme as respostas com o seu professor.

4. Ouça os textos e complete o quadro.

59-61

	Texto A	Texto B	Texto C
Competição			
Modalidade			
Atletas portugueses			
Resultados			

5. Leia e confirme.

Texto A
Retomamos a transmissão dos campeonatos do mundo em pista coberta 2010 de Doha. Vamos passar à cerimónia da entrega das medalhas de salto em comprimento. O terceiro lugar do pódio vai ser ocupado pela brasileira Keila Costa com a marca de 6,63 metros. A prata vai ser entregue a Naide Gomes que conseguiu os 6,67 metros na final. Esta é a terceira medalha consecutiva para a atleta portuguesa em campeonatos mundiais de pista coberta. Naide Gomes ficou a três centímetros da vencedora norte-americana Brittney Reese.

Texto B
Joana Ramos conquistou a terceira medalha consecutiva em provas da Taça do Mundo. As duas primeiras foram conquistadas em Dusseldorf e em Budapeste. Com o bronze em Varsóvia, a judoca sobe ao Top 10 do *ranking* mundial.

Texto C
Michelle Brito foi eliminada pela romena Alexandra Dulgheru na primeira ronda do quadro feminino do torneio de ténis de Indian Wells, na Califórnia. A tenista portuguesa, agora 116.ª na tabela WTA, perdeu pelos parciais de 6-2 e 6-2, em 1 hora e 17 minutos.

6. Recorda-se da última vez que um desportista do seu país conquistou um lugar no pódio de uma competição internacional? Onde e quando foi?

Bússola Gramatical

Particípios duplos

7. Alguns verbos têm **particípios duplos**. Complete o quadro.

> **Exemplo:**
> A prata vai ser **entregue** a Naide Gomes…

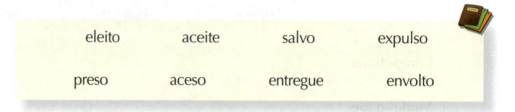

eleito   aceite   salvo   expulso

preso   aceso   entregue   envolto

	Particípio regular (*ter*)	Particípio irregular (*ser / estar*)
aceitar	aceitado	_____
acender	acendido	_____
eleger	elegido	_____
entregar	entregado	_____
envolver	envolvido	_____
expulsar	expulsado	_____
prender	prendido	_____
salvar	salvado	_____

8. Complete as frases com os particípios do quadro. Faça as alterações necessárias.

1. A transferência do jogador está _____ num grande mistério.
2. Parece que o empate foi mal _____ pelo treinador da equipa da casa.
3. As luzes do estádio estão _____.
4. O resultado da partida foi _____ pelo número 9 dos Leões.
5. Um dos adeptos foi _____ pela polícia.
6. A taça vai ser _____ ao capitão da equipa.
7. O presidente do clube terá de ser _____ este mês.
8. O avançado acaba de ser _____.

Bússola Gramatical

Estar + particípio passado

9. Para referir o resultado de uma ação, também se utiliza **estar + particípio passado**. Siga o exemplo.

> **Exemplo:**
> Entregaram a taça. (A taça foi entregue.) → A taça **está entregue**.

1. Apuraram os finalistas.
   _____

2. Abriram as portas do estádio.
   _____

3. O treinador fez as substituições.
   _____

4. Pagámos a quota do clube.
   _____

5. Resolvemos o problema.
   _____

Formas impessoais

10. Quando o sujeito é indeterminado ou não é importante, utilizam-se formas impessoais. Leia os exemplos:

> **A) Partícula apassivante se**
> Verbo transitivo + **se**
> **Aluga-se** equipamento desportivo.
> (complemento no singular, verbo no singular)
> **Veem-se** muitos jogos de futebol em Portugal.
> (complemento no plural, verbo no plural)
>
> **B) Se impessoal**
> Verbo intransitivo + **se**
> Para lá, **vai-se** de carro.

11. O que é que se deve fazer para se tornar membro de um clube? Utilize as formas impessoais adequadas e faça frases.

1. Ir / clube: _____
2. Pedir / informações: _____
3. Aceitar / condições: _____
4. Dar / dados pessoais: _____
5. Efetuar / pagamento / quota: _____

Diário Lexical

Locuções prepositivas

12. Complete as frases com as palavras dadas. Faça as alterações necessárias.

1. **acima de / de cima / em cima de / para cima de / por cima de**

    1. O avançado teve uma prestação _____ a média.
    2. A bola voou _____ a cabeça do guarda-redes.
    3. O defesa caiu _____ o braço e lesionou-se.
    4. Os jogadores atiraram-se _____ o treinador.
    5. Sou do Sporting, mas o meu vizinho _____ é um benfiquista ferrenho.

2. **abaixo de / debaixo de / para baixo / por baixo de**

    1. Portugal vai jogar com uma temperatura de 4 °C _____ zero.
    2. A equipa das quinas jogou _____ uma chuva intensa.
    3. Ele passou _____ a tribuna de honra e saudou o presidente.
    4. O número 7 está deitado de barriga _____ e queixa-se das costas.

3. **à frente de / em frente de / atrás de / de trás de / para trás / por trás de**

    1. O Carlos passou a bola _____ e criou o golo.
    2. O treinador está _____ o presidente do clube.
    3. É óbvio que _____ uma grande equipa está um grande treinador.
    4. O estádio do Benfica fica _____ a minha casa.
    5. Com tantos adversários _____ a baliza é difícil marcar.
    6. O árbitro surgiu _____ jogador e mostrou-lhe um cartão.

4. **a meio / no meio de / pelo meio de**

    1. A bola passou _____ as pernas do guarda-redes.
    2. A corrida do defesa foi interrompida _____ pelo avançado dos Dragões.
    3. O jogo está parado _____ o campo.

5. **dentro de / de dentro de / para dentro / por dentro**

    1. Como cheguei tarde, não pude ver o ginásio _____.
    2. Vi um jornalista sair _____ o balneário.
    3. A esta hora, a equipa de hóquei já deve estar _____ o autocarro.
    4. Está a chover, vou _____. Continuamos o treino amanhã.

Diário Lexical

Modalidades desportivas

13. Leia os comentários sobre o desporto nacional deixados no *Twitter*.

twitterportugal.com
como é usado o twitter
em português

| PORTAL | TOPS | GRUPOS NOVO! | BLOG | TWITLISTAS | TWITCIONÁRIO | LOGIN |

Luís_pátria 2010-05-26   19:08:34
Há quem diga que já não há heróis. Eu conheço um: João Garcia. Subir 14 montanhas com mais de 8000 metros é um feito histórico. Parabéns!
responder (*in reply*), citar @, ReTweet

Carlos X 2010-05-16   16:12:09
E foi assim, Beto atingiu o duplo-duplo, 21 pontos e 11 ressaltos. A jogar assim, não há cesto que lhe escape.
responder (*in reply*), citar @, ReTweet

marapires 2010-05-10   10:12:09
Grande Elisabete Jacinto! Tornou-se na primeira mulher a cruzar a meta aos comandos de um camião.
responder (*in reply*), citar @, ReTweet

ruisousa@ 2010-04-27   11:09:43
De camisola em camisola vai pedalando Cândido Sousa.
responder (*in reply*), citar @, ReTweet

Pj_oliveira 2010-04-23 17:04:56
Leões que se cuidem que a águia vai atacar. Não há guarda-redes que resista.
responder (*in reply*), citar @, ReTweet

SJ_80 2010-04-18 12:07:23
E os parciais foram 76 (6) 76 (3). Mais uma derrota para a raqueta lusa.
responder (*in reply*), citar @, ReTweet

14. Com que modalidades relaciona os comentários acima?

| basquetebol | futebol | Todo-o-Terreno | remo | alpinismo | esgrima |
| natação | judo | motocross | ciclismo | vela | ténis |

15. Participe no *Twitter*. Escreva três entradas sobre o desporto no seu país.

1. _____

2. _____

3. _____

cento e trinta e três 133

Diário Lexical

16. Os títulos da imprensa desportiva costumam ser bastante originais. A que desportos acha que se referem os seguintes títulos?

> **Final ao rubro no rali do Algarve**

> **A máquina de goleadas embalou na segunda volta**

> **Clássico nos quartos: Dragões na grande área leonina**

17. Leia a crónica desportiva.

> 1 Um empate e uma derrota na segunda volta foram o segredo do título do Benfica. A equipa de Jorge Jesus tornou-se uma máquina de fazer golos temível que praticamente desde o início do campeonato *pôs os adversários em sentido*. Tudo começou com os 8-1 ao Vitória de Setúbal – a maior goleada da época –, jogo
> 5 em que Cardoso marcou o seu primeiro *hat trick de águia ao peito*.
> As *"vítimas"* seguintes foram o Belenenses, o Leixões, o Nacional, a Académica, o Marítimo e o Olhanense. No entanto, *o início da temporada foi um pouco intermitente*, com um *empate caseiro* com o Marítimo e uma vitória no último minuto – golo de Ramires – em Guimarães.
> 10 Só que, à medida que os jogos foram passando, a máquina de Jorge Jesus *foi carburando cada vez melhor*, tendo o primeiro ponto alto sido à 14ª jornada, com a vitória na Luz, frente ao FC Porto, numa altura em que algumas dúvidas se começavam a levantar em relação à capacidade de os encarnados *aguentarem a pedalada*. Nesse jogo, o Benfica *apresentou-se muito desfalcado* frente a um
> 15 rival que estava em clara subida de forma. Só que *um golo abateu os dragões* e deu início a uma série imparável de resultados, que só foi acompanhada pelo Sporting de Braga.
> Uma série de 13 triunfos e um empate, em Setúbal, lançaram definitivamente o Benfica no caminho para o 32º título de campeão da sua história. Perto do final,
> 20 apenas uma derrota no estádio do Dragão fez adiar a festa para a Luz.
> Na fase crucial da prova, muito contribuiu o triunfo, em casa, frente ao Sporting de Braga. *A festa concretizou-se com a Luz cheia.*
>
> Fonte: *Diário de Notícias*, maio 2010 *(adaptado)*

18. Responda às perguntas.

1. Qual dos títulos que analisou é o que mais se adequa ao texto?

2. Quem é o treinador do clube?

3. Como foi o desempenho do Benfica ao longo do campeonato?

4. Que clubes defrontou?

5. A que é que se referem as palavras: "águia"; "encarnados"; "dragões"; "Luz"?

6. Explique por palavras suas as expressões destacadas no texto.

Entre Nós

Figuras do Desporto Português

19. João Garcia fez história ao chegar ao cume do Annapurna, no Nepal, em abril de 2010. Foi o 10º alpinista do mundo e o primeiro português a subir 14 montanhas com mais de 8000 metros sem recurso a oxigénio artificial. Leia a carta que escreveu aos portugueses no dia em que venceu o desafio.

1 Caro leitor do *Record*, sou o alpinista João Garcia e escrevo-lhe desde a cidade de Kathmandu, capital do Nepal, onde acabo de chegar vindo do acampamento base do Annapurna, a décima montanha mais alta do Mundo, com 8091 metros de altitude. Esta expedição foi a última do meu projeto de escalar as 14 montanhas
5 com mais de 8000 metros de altitude chamado "João Garcia à conquista dos picos do Mundo com o Millennium bcp".
Agora posso confessar-vos que me encontro muito contente e até um pouco aliviado. Tudo começou há seis semanas quando fui adaptar o organismo até aos 7000 metros de altitude, no vale do Khumbu, ao pé do monte Evereste. Só depois fomos para
10 o acampamento base do Annapurna na sua vertente norte. Aqui chegados, após uma subida aos 5600 m do campo 2 e descida novamente ao acampamento base, percebi que estava pronto para avançar rapidamente para o desafio final.
Muitas vezes na vida temos de estar preparados para as oportunidades que nos surgem e foi isso que aconteceu. Surgiu uma oportunidade e não a desperdicei,
15 ao contrário dos meus companheiros de expedição. Havia um grupo de quatro espanhóis que já estava há cinco semanas no Annapurna e que ia tentar subir, aproveitando a primeira janela de bom tempo nesta caprichosa montanha. Eu tinha chegado apenas há três dias...
Mas, mesmo assim, não me deixei intimidar. E assim surgiu a ideia de os acompanhar.
20 Como parti com um dia de atraso, fui obrigado a um esforço violento para me juntar ao grupo hispano-nepalês. Subi sozinho, com uma mochila pesada, 2200 m de desnível em 12 horas, desde o acampamento base até ao campo 3.

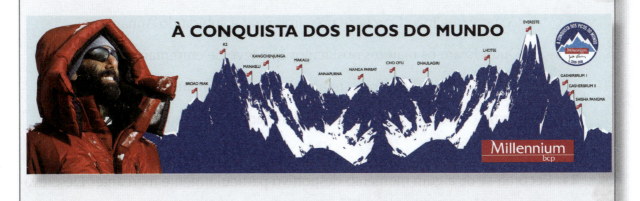

Entre Nós

Neste percurso a solo, tive de "vencer" uma moreia rochosa, atravessar um glaciar cheio de fendas de gelo e subir uma vertente de gelo vítreo, até atingir a altitude extrema do campo 3, montado a 7000 metros.

Quando me viu surgir inesperadamente no sítio onde ia pernoitar, a alpinista espanhola Edurne Pasabán disse pela rádio: "O João surgiu aqui como uma aparição!" Na verdade, nunca acreditaram que conseguiria apanhá-los. No dia seguinte, dia de ataque ao cume, partilhámos todos – eu, os quatro espanhóis e os quatro nepaleses – a difícil tarefa de fazer trilho na neve fofa. Chegámos ao cume já depois das 13 horas (17 de abril). A vista do cume é realmente magnífica, é estranho não ter ficado emocionado... Talvez por saber que esta montanha é muito perigosa, tive de fazer uma descida extremamente cautelosa. Tal como fiz nos últimos cumes de 8000 metros, não desci diretamente do cume para o acampamento base, mas fui baixando cautelosamente e recolhendo todo o equipamento deixado para a ascensão nos campos de altitude. Cheguei ao acampamento base 48 horas depois da conquista, no tempo recorde de 5 dias, do meu último cume de mais de 8000 metros. Fui felicitado por todos os meus colegas de expedição e fiquei emocionado por saber que em Portugal muita gente partilhou a minha alegria e me enviou mensagens bonitas.

Obrigado a todos os que acompanharam esta expedição e me apoiaram nesta aventura. Se querem saber, quando estou em Portugal desejo estar nos Himalaias... Mas quando estou aqui, e depois de uma expedição cansativa, o que mais desejo é mesmo regressar a casa.

Fonte: *Jornal Record*, abril 2010 (http://www.record.xl.pt) (adaptado)

 20. Responda às perguntas.

1. Como é que João Garcia se preparou para a subida do Annapurna?
2. Quais foram os maiores obstáculos que teve de enfrentar na subida?
3. Quanto tempo demorou o regresso ao acampamento base?
4. Como é que os portugueses acompanharam as expedições de Garcia?

 21. Recorda-se de algum momento desportivo particularmente marcante? Descreva-o.

Cofre de Sons e Letras

Pronúncia: letra r

22. Ouça e repita.

R	início de palavra depois de **l**, **s**, **n** duplo	recorde / ronda melro / israelita / honra derrota / carro
r	entre vogal e consoante final de palavra entre vogais	adversário / marca ganhar / vencer caro / amora

23. Ouça e repita.

temporada	derrota
marcar	rápido
ultrapassa	rede
árbitro	recuperar
comentador	ronda
desporto	honra
triplo	melro

Pontuação

24. Ouça e pontue as frases.

1. É golo
2. Que desilusão
3. Grande jogo
4. A quanto está o jogo
5. Passa Passa
6. Antunes corre pelo flanco esquerdo passa a Rodrigo e falta de Pedro Gomes
7. Grande jogada de Vasco Pereira
8. Parece que o número 7 não está muito inspirado hoje
9. Cruza Cruza
10. Toma balanço e golo

cento e trinta e sete **137**

Itinerário

Etapa 1: ouvir comentário desportivo

25. O futebol tem uma linguagem própria: é o chamado *futebolês*. É usado por comentadores, jornalistas, jogadores, treinadores e técnicos. As seguintes frases foram ditas durante um jogo. Coloque-as por ordem.

☐ Artur **bateu** sem resultados.

☐ Peres **abre assim o ativo** aos 15 minutos da primeira parte.

☐ Peres **adianta a bola**, engana o número 8 e goloooooooooo!

☐ Os dois **golos sofridos** foram **culpa** do guarda-redes.

☐ O árbitro autoriza a marcação do livre a 1 minuto do **apito final**.

1 O capitão dá o **pontapé de saída**.

☐ O treinador vai ser obrigado a **queimar a última substituição** a 10 minutos do final da partida.

☐ **O ataque venenoso** do número 7 aumenta a vantagem da equipa da casa para 2 a 0.

26. Ouça e compare.

65

Etapa 2: comentar um jogo

27. Os portugueses gostam de ser treinadores de sofá ou de bancada. Leia as expressões. A quem é que se referem? Aos jogadores, ao árbitro ou ao guarda-redes?

Ladrão!

Cruza, pá!

É falta!

Que frango!

Vai lá!

Olha o Sousa à esquerda!

Aguenta a bola!

Itinerário

28. Nos quadros, encontra outras expressões. Leia-as.

Expressões úteis

Sugerir estratégias aos jogadores	Comentar ações do árbitro
Centra! Centra!	Então, o vermelho é para quê?
Para a frente! Para a frente!	Deve ser, deve!
Passa a bola, passa a bola!	Então, o homem não fez nada!
Dá a bola!	Esse cartão não se mostra?

Demonstrar entusiasmo	Expressar desilusão
Assim, sim!	Agora é que foi.
Estava a ver que não.	Assim, não vamos a lado nenhum.
Isto é que é jogar!	Já não vamos lá!
GOLOOOOOOOOOOOOOO!	Isto só visto!
Grande golo! Grande remate!	Não estamos a jogar nada.
É assim mesmo! Vai buscar!	Assim não dá.

Etapa 3: simulação

29. Imagine que está a ver a final de um campeonato. A sua equipa está a jogar neste momento. Siga as instruções e escreva um diálogo com o seu colega. Consulte os quadros anteriores de modo a descrever as situações como um português o faria.

ALUNO A	ALUNO B
1. O árbitro não marca uma falta grave sobre um jogador da sua equipa.	1. Concorda.
2. O árbitro mostra um cartão vermelho.	2. Comenta negativamente a atitude do árbitro.
3. Observa com entusiasmo uma jogada de ataque.	3. Propõe uma estratégia de jogo.
4. Comenta negativamente uma falta.	4. Concorda e expressa irritação.
5. Faltam 3 minutos para acabar.	5. Sugere estratégias numa jogada de ataque.
6. A sua equipa marca um golo.	6. Comenta entusiasticamente.

30. Leia o diálogo à turma.

Retrospetiva

1) Escolha a opção adequada.

1. O relvado está **secado** / **seco**.
2. O resultado foi **salvo** / **salvado** pelo número 7 dos encarnados.
3. No fim do jogo, o adepto que invadiu o campo foi **preso** / **prendido**.
4. Eles não têm **aceitado** / **aceite** bem os comentários dos jornalistas.
5. A taça foi **entregada** / **entregue**.
6. O novo diretor do clube será **elegido** / **eleito** no próximo mês.
7. As luzes do estádio já estão **acendidas** / **acesas**.
8. Nos treinos, as crianças não podem estar **descalças** / **descalçadas**.
9. Os jogadores estavam **matados** / **mortos** de cansaço.
10. O número 9 foi **expulsado** / **expulso**.

2) Relacione as colunas.

1. marcar	a) um triunfo
2. arbitrar	b) a meta
3. cruzar	c) um golo
4. derrotar	d) no estádio
5. treinar	e) o adversário
6. conquistar	f) ao pódio
7. subir	g) uma medalha
8. alcançar	h) um jogo
9. adiantar	i) um pontapé
10. dar	j) ao cume
11. chegar	l) a taça
12. ganhar	m) a bola

As minhas competências	😁	🙂	😐	🙁
1. Sou capaz de falar sobre diferentes desportos.				
2. Sou capaz de compreender artigos desportivos.				
3. Sou capaz de usar a voz passiva (particípios duplos).				
4. Sou capaz de usar expressões do "futebolês".				
5. Sou capaz de comentar um jogo.				

Oi! Tudo bem?

Nesta unidade, as minhas tarefas são:

- Analisar e legendar o mapa do Brasil.
- Ouvir testemunhos e obter informações.
- Ler um texto informativo sobre o Carnaval e tradições associadas.
- Identificar diferenças entre o português do Brasil e o português europeu.
- Ler e ouvir informações sobre a cultura afro-brasileira.
- Ouvir e compreender explicações sobre pratos típicos regionais brasileiros.
- Ler uma receita.
- Elaborar uma ementa (ibérica, nacional ou regional).

Para isso, vou estudar:

Gramática	Vocabulário	Fonética / Ortografia	Cultura
• Gerúndio simples • *Ir* + gerúndio	• Geografia • Património • Tradições • Música e dança • Sociedade • Palavras e expressões do português do Brasil • Serviços • Religião • Gastronomia	• Ortografia: uso do hífen - palavras compostas • Revisões	• *Tudo a Postos?*: Brasil • *Diário Lexical*: Carnaval • *Entre Nós*: Cultura afro--brasileira • *Itinerário*: Gastronomia regional

Tudo a postos?

1. Com 8.514.876 km², o Brasil é a quinta maior área territorial do planeta. É constituído por 26 estados com grandes contrastes entre si. O que é que sabe sobre o país?

2. Pedimos a dois portugueses e a um brasileiro que destacassem uma ou duas regiões. Preste atenção aos testemunhos e localize as regiões no mapa a partir das informações que ouve.

67-69

3. Responda às perguntas.

1. Os entrevistados usam gentílicos como "paulista", "capixaba", "baiano". Use-os para legendar o mapa.
2. Para a Ana, a que se deve a riqueza da região Sudeste?
3. Segundo o Virgílio, o que é que torna o estado da Bahia tão especial?
4. Que particularidades da selva amazónica e do Pantanal são descritas pelo Edson?

4. Leia as transcrições.

Texto A

Apesar dos problemas sociais e económicos com que se defrontam, os cariocas sabem viver. É impressionante vê-los a correr às 6h30 da manhã no calçadão de Copacabana ou a jogar *futevólei* na praia ao fim do dia. O Rio mostra-nos como é possível aproveitar a vida de uma forma simples.
O ambiente paulista também me atrai. Talvez por ser um dos maiores centros de negócios do Brasil. São Paulo é muito cosmopolita e uma cidade muito dinâmica culturalmente com teatros, cinemas e galerias para todos os gostos.
Tendo disponibilidade, gostaria de voltar a Minas. Para quem gosta de História, as cidades de Tiradentes e Ouro Preto são autênticas relíquias. O casario de Tiradentes é um mimo assim como a arquitetura colonial e barroca de Ouro Preto. A minha melhor memória gastronómica vem de Espírito Santo: a moqueca capixaba é de comer e chorar por mais.

Texto B

Chegando o Inverno, só penso em voar para o Brasil e perder-me no Nordeste. Há muitos portugueses que passam férias em Maceió, Pipa, Trancoso ou Arraial d'Ajuda por causa das praias, mas eu prefiro o misticismo da Bahia que fui descobrindo aos poucos. Além disso, nada se compara a uma caminhada pelo pelourinho enquanto se come um acarajé acabado de tirar do tabuleiro da baiana.
Mais para sul, há uma praia à qual fui apenas uma vez e que me ficou na memória: fica em Santa Catarina e chama-se Ilha do Papagaio. É o local ideal para comer bom marisco ou beber uma caipirinha na paz dos deuses.

Texto C

Como sou vidrado na natureza, já participei em três expedições na Amazônia. Caminhando na selva, a gente aprende como a natureza te pode ajudar a sobreviver. Por exemplo, se é preciso se abrigar, se faz uma cabana com folhas de palmeiras. Para matar a sede, você pega um coco e pode usar as folhas do coqueiro para afastar o calor.
A Amazônia é assim, um santuário ecológico onde tem de tudo: desde araras vermelhas e tucanos a mamíferos invulgares como lontras gigantes e diferentes espécies de macacos. Flagrei inclusive uma anaconda com mais de 3 metros descansando num tronco. Foi muito legal.
Também gostaria de fazer uma expedição ao Pantanal para provar comida pantaneira, atravessar corixos de chalana e conectar com o povo. Estou planejando atravessar o Pantanal Sul e chegar em Mato Grosso em nove dias. Gostaria de fazer as trilhas entre as fazendas pantaneiras.

5. Que marcas do português do Brasil encontra no testemunho do Edson?

Bússola Gramatical

Gerúndio

6. Repare nos verbos destacados nas frases. Use-os para completar o quadro.

Tendo disponibilidade...
Caminhando na selva...

-ar	-er	-ir
_____	_____	partindo

7. Siga o exemplo e substitua as partes destacadas nas frases pelo **gerúndio**.

> **Exemplo:**
> **Se tiver** disponibilidade esta semana, marcamos uma reunião.
> **Tendo** disponibilidade esta semana, marcamos uma reunião.

1. Ele levantou-se e **olhou** para mim.
2. **Se tiver** tempo amanhã, passo pelo teu emprego.
3. Ela aceitou a proposta **com um sorriso**.
4. **Quando chegar** a casa, telefono-te.
5. **Como sabia** que querias ir ao concerto, reservei os bilhetes.
6. **Apesar de não gostar** de praia, quero ir a Ipanema.
7. **Ao ver** o aeroporto do avião, a Maria emocionou-se.
8. **Se permitires** isso, estás a abrir uma exceção.

8. Quais das frases anteriores correspondem aos seguintes usos do **gerúndio**?

Usa-se o **gerúndio** para expressar:

modo	
causa	
condição	
concessão	

e para:

situar no tempo	
substituir a conjunção **e**	

> Em algumas regiões de Portugal e no Brasil usa-se a forma **estar + gerúndio** para descrever ações em processo.
>
> **Estou planejando.** (PB) / Estou planeando. (PE) / Estou a planear. (PE)

Bússola Gramatical

9. Substitua o **gerúndio** pelas palavras entre parênteses. Faça as alterações necessárias.

1. Sendo 12h00, vou almoçar. (quando)
   _____

2. Tendo conhecimento do que se passava, tomei medidas. (como)
   _____

3. Não havendo voos para essa semana, tens que escolher outra data. (se)
   _____

4. Não sendo uma cidade cosmopolita, não deixa de ser interessante. (embora)
   _____

5. Respondendo à sua pergunta: é preferível ficar mais uns dias na Bahia. (para)
   _____

6. Não sendo uma pessoa aventureira, participou numa expedição à Amazónia. *(apesar de)*
   _____

Ir + gerúndio

10. Consulte o quadro. Em seguida, complete as frases.

Verbo *ir* no presente: início da ação	*Vou fazendo* o jantar enquanto eles não chegam.
Verbo *ir* no imperativo: ordem, sugestão, conselho, pedido	*Vai andando.* *Vão pondo* a mesa, enquanto eu faço as sandes.
Verbo *ir* no P.P.S.: ação progressiva no passado	*Fui-me habituando* ao país.
Verbo *ir* no imperfeito: ação não realizada ou interrompida	*Ia caindo*, mas equilibrei-me a tempo.

1. Maria, _____ (fazer) as malas, enquanto eu procuro o passaporte.

2. Eu _____ (perder) a cabeça quando soube do desastre.

3. A: Ainda estás muito demorada?
   B: Estou. _____ (andar) para o Café que eu já lá vou ter.

4. O carro apareceu do nada e _____ (ter) um acidente.

5. À medida que eu _____ (receber) os documentos, vocês _____ (organizar) os ficheiros.

6. A pouco e pouco, eles _____ (descobrir) o país e decidiram ficar mais um mês.

Diário Lexical

Carnaval

11. Leia o texto sobre os festejos carnavalescos.

1   Nas oficinas, ultimam-se os bonecos gigantes – os "zés pereiras" de Portugal – que desfilarão pelas ruas íngremes de Diamantina, enquanto o frevo e o forró tomam conta das ruas de Olinda – é o Carnaval brasileiro em marcha. Um país em festa!
    A afirmação que o ano civil no Brasil começa depois do Carnaval é uma brincadeira,
5   mas com bons fundamentos, no jargão dos economistas. Na realidade, muitos projetos, empresariais ou políticos, só são tomados depois do Carnaval. O país não está parado, é certo, mas faz como que um compasso de espera.
    Do Carnaval industrial dos sambódromos do Rio de Janeiro ou de São Paulo ao sobe e desce das ladeiras de Olinda, do Carnaval da rua de Ipanema, tão diferente dos
10 desfiles organizados no sambódromo da Marquês de Sapucaí, aos folguedos nas ruas íngremes de Ouro Preto, os festejos em homenagem ao rei Momo vão de norte a sul do país. A comemoração do Carnaval é quase uma obrigação nacional.
    No Rio de Janeiro, capital do samba e do Carnaval, a organização dos eventos é quase ininterrupta. Na Marquês de Sapucaí, a catedral do samba, são feitos os últimos
15 preparativos para os dias de desfile e de acirrada competição que envolve, todos os anos, milhares de participantes. Ao som do samba e dos volteios dos porta-bandeiras, eles participaram em grandiosas coreografias em que culminam meses de ensaios.
    Longe do Rio, nos estados do Nordeste, os preparativos para a semana de folia animam milhares de residentes ou de forasteiros que fazem coincidir as férias anuais
20 com o período festivo. Olinda, em colinas à beira-mar plantadas, de ruas calçadas, lembrando a história da colonização portuguesa, já está engalanada para a festa. Ao ritmo do frevo – inventado pelos pernambucanos, com muito jogo de pernas e requebro de cintura, mas também do xaxado –, típico dos sertões por onde andou Lampião e a sua tropa de cangaceiros, num arrasta-pés sincopado – ou do forró, a
25 alegria já invade as ruas da cidade património debruçada sobre o azul esverdeado do mar de água quente.
    Na capital pernambucana, Recife, multiplicam-se os ensaios dos grupos e os bailes nos clubes da cidade.
    Salvador, capital da Bahia, é a terra dos ritos elétricos e da música axê, esse ritmo que
30 é capaz de arrastar multidões atrás dos trios elétricos – palcos móveis instalados em enormes camiões, apetrechados com gigantescas colunas de som –, uma invenção dos baianos que já ultrapassou fronteiras.
    Nem todos podem viajar para as grandes cidades onde o Carnaval é uma indústria. E nem por isso deixa de ser festejado. Nas cidades do interior, nas ruas, praças e nos
35 clubes populares, o champanhe original, produzido nas caves francesas, profusamente consumido nas mansões dos bairros ricos de São Paulo, do Rio ou dos *resorts* do litoral, cede lugar aos espumantes da terra, aos *pró-secos* e, sobretudo, à cerveja.
    É o caso de Pirenópolis, uma pequena cidade de arquitetura colonial, razoavelmente preservada, a cerca de 160 quilómetros de Brasília e destino de fim de semana
40 de muitos brasilienses. Herança de colonos açorianos, perpetuada nas festas das "cavalhadas", em que "cristãos" e "mouros" se digladiam, e que todos os anos atraem milhares de turistas à pequena cidade, Pirenópolis é um dos exemplos de Carnavais à moda antiga.

Diário Lexical

Na Rua Direita, em que sobrados e velhos casarões se encostam uns aos outros, o Carnaval, organizado pela Prefeitura e associações locais, será festejado "com marchinhas, sambas, brincadeiras e fantasias". Para decorar as ruas da parte histórica da cidade, os ícones clássicos do Carnaval: as colombinas, *pierrots* e arlequins.

Outra cidade em que o Carnaval à moda antiga é quem mais ordena é Diamantina, cidade classificada pela UNESCO como Património Mundial, no interior do estado de Minas Gerais. Velhos sambas e marchinhas, cantados e tocados por velhas glórias da música brasileira, enchem de acordes a cidade.

Na Amazónia brasileira, onde os ritmos se misturam, Manaus comanda os principais festejos. Dezenas de pessoas disputaram as funções de rainha do Carnaval, Rei Momo e Mulata de Ouro. No interior da selva, em pequenos povoados ou nas palafitas ribeirinhas, o ritmo é mais ao gosto dos locais. Sem fogo de artifício, mas com a alegria dos bailes que juntam vizinhos e parentes em terreiros, onde começam namoros e se prometem noivados.

Do Oiapoque ao Chauí, das florestas do Acre aos pampas do Rio Grande do Sul, estamos no país do Carnaval.

Fonte: Alfredo Prado, *África 21*, fevereiro 2010 (adaptado)

 12. Como se festeja o Carnaval no Brasil? Resuma em poucas palavras as celebrações nos diferentes estados.

1. Rio de Janeiro
2. Pernambuco (Olinda e Recife)
3. Bahia (Salvador)
4. Minas Gerais (Diamantina)
5. Amazónia

 13. Além do samba, que outros ritmos musicais são referidos no texto?

 14. Procure no texto as palavras que correspondem às definições abaixo.

1. intensa: _____
2. decorada: _____
3. equipados: _____
4. ladrões: _____
5. calcetado: _____
6. estrangeiros: _____
7. casas construídas sobre estacas: _____
8. câmara municipal: _____

Diário Lexical

Português do Brasil

15. Ouça os diálogos antes de os ler.

Diálogo 1

1	Rececionista:	Hotel Copacabana, boa tarde.
	Lara:	Boa tarde, quanto é a diária num quarto duplo?
	Rececionista:	80 reais com café da manhã.
	Lara:	Então, queria reservar um quarto para os dias 18, 19 e 20.
5	Rececionista:	Pois não, senhora. A reserva é em nome de quem?
	Lara:	Em nome de Lara Fonseca.
	Rececionista:	Muito bem, esperamos pelos senhores.

Diálogo 2

1	Maria:	Oi! Tudo bem?
	Frederico:	E aí? Beleza? Senta aí. O que você vai beber?
	Maria:	Quero uma cerveja.
	Frederico:	E eu vou de caipirinha. E você, Ana?
5	Ana:	Para mim, é um sumo de abacaxi.
	Frederico:	Garçon, me vê aí uma cerveja, uma caipirinha e um suco de abacaxi, por favor. Querem dar uma olhada no cardápio?
	Maria:	Não é preciso. Vou pedir uma moqueca.
	Frederico:	Está a fim de comer moqueca capixaba, meu bem? Não leva óleo de dendê como a baiana e é muito gostosa.
10	Ana:	Prefiro picanha, se houver.
	Frederico:	Beleza! Garçon, me vê aí uma moqueca capixaba, uma picanha e uma feijoada no capricho.

16. Complete o quadro com os equivalentes no português europeu das expressões que aparecem nos diálogos.

PB	PE	PB	PE
pois não	_____	Oi!	_____
diária	_____	Está a fim de...	_____
café da manhã	_____	meu bem	_____
Beleza!	_____	garçon	_____
suco	_____	gostosa	_____
cardápio	_____	no capricho	_____

148 cento e quarenta e oito

Cultura Afro-Brasileira

17. Se pensar em países hispânicos, que exemplos encontra de miscigenação cultural?

18. Há cerca de 200 milhões de anos, o Brasil e Angola ficavam lado a lado, no mesmo continente. Com os descobrimentos e a colonização portuguesa, nos séculos XVII e XVIII, os dois países voltaram a encontrar-se quando o Brasil recebeu milhares de escravos vindos de áfrica para trabalharem nas plantações de cana-de-açúcar.

Na coluna da esquerda encontra algumas marcas da cultura africana no Brasil. Relacione-as com as explicações na coluna da direita.

1 ___ 2 ___ 3 ___ 4 ___ 5 ___ 6 ___

1. vatapá, acarajé	a. culto religioso
2. atabaque, berimbau, tambor	b. dança acrobática
3. samba, maracatu, maxixe	c. divindades
4. capoeira	d. instrumentos musicais
5. candomblé	e. pratos típicos
6. orixás	f. géneros musicais

Entre Nós

19. Leia o texto.

Alguns estados foram mais influenciados pelo legado africano do que outros, o que se ficou a dever, por um lado, ao número de escravos que passaram pelo país e, por outro, às migrações internas que ocorreram depois do fim do ciclo da cana-de-açúcar. O carimbo africano é visível, sobretudo, no estado da Bahia, berço da capoeira e do candomblé.

Capoeira

A primeira vez que vi capoeira ao vivo foi na praia e senti-me fascinada pela agilidade, rapidez e beleza dos movimentos dos capoeiristas. Uns anos depois, decidi procurar uma escola para aprender. Foi assim que conheci o meu mestre que me transmitiu muitos dos ensinamentos sobre a capoeira.

Tenho amigos que a praticam como uma forma de autodefesa, outros como um desporto para aumentar a resistência, a flexibilidade e o equilíbrio. Para mim, mover o corpo ao som de palmas e cânticos acompanhados por instrumentos como o berimbau, o atabaque e o pandeiro é uma experiência, simultaneamente, cultural e espiritual.

Candomblé

Na adolescência, recebi de uma amiga uma fita azul de pano na qual se lia: "Lembrança do Senhor do Bonfim da Bahia". Com a oferta veio a recomendação: "Quando puseres a fita no pulso, dá três nós e pede três desejos. Se a usares até ela cair naturalmente, os pedidos concretizam-se."

Passados vinte anos, vim a encontrá-las em Salvador da Bahia, onde descobri que estas fitas constituem um dos símbolos do sincretismo baiano, consagrando, por um lado, o Senhor do Bonfim e, por outro, Oxalá.

Oxalá é o pai de todos os orixás, ou seja, das divindades às quais os seguidores do candomblé – uma religião afro-brasileira com forte expressão nacional –, recorrem para buscar resposta para os problemas terrenos.

20. Ouça os textos e tome notas sobre a história da capoeira e do candomblé.

72/73

21. Resuma o que ouviu.

Cofre de Sons e Letras
Ortografia

22. Ouça e escreva o texto.

___

Uso do hífen em palavras compostas

23. Siga o exemplo e forme novas palavras.

Exemplo: porta-bandeira

arco	belas	peixe	guarda
primeiro	obra	saca	arranha
surdo	pisca	pronto	**porta**
vice	recém	além	porta

íris	socorro	ministro	artes
chuva	espada	mudo	pisca
bandeira	nascido	rolhas	mar
prima	voz	presidente	céus

Itinerário

Etapa 1: ouvir diálogo

24. Ouça o diálogo sobre a gastronomia brasileira e tome notas de modo a responder às perguntas.

1. A que se deve a riqueza da gastronomia brasileira?
2. Que culturas mais a influenciaram?
3. Quais são os acompanhamentos mais usuais?
4. Por vezes, existem ingredientes que recebem diferentes nomes consoante a região onde são usados. Dê um exemplo.

Etapa 2: ler ementa e compreender explicações

25. Na ementa indicam-se alguns dos pratos mais típicos de cada região do Brasil. Já provou ou ouviu falar de algum deles?

Norte
(AM) Tacacá
(AC) Carne com Puré de Macaxeira
(RO) Pirarucu à Casaca
(PA) Pato no Tucupi

Nordeste
(BA) Acarajé e Vatapá
(PI) Baião de dois
(CE) Sarapatel
(RN) Caranguejada
(PE) Buchada de Bode
(PB) Rubacão
(AL) Sururu de Capote

Centro-Oeste
(MT) Pacu Assado com Farofa de Couve
(MS) Macarrão Boiadeiro
(GO) Maria Isabel

Sudeste
(ES) Moqueca capixaba
(MG) Tutu à mineira
(RJ) Feijoada
(SP) Virado à Paulista

Sul
(PR) Barreado
(RS) Churrasco
(SC) Marreco recheado

26. Ouça a explicação e complete o quadro.

Pratos de peixe	Sopas	Pratos de carne	Marisco
Pirarucu à casaca		Virado à Paulista Rubacão	Sururu de capote Caranguejada

Itinerário

Etapa 3: compreender receita

  27. Leia a receita da moqueca capixaba.

Moqueca Capixaba

Ingredientes

2 kg de peixe fresco (pode ser pargo, cação ou robalo)
2 maços de coentro
2 maços de cebolinha verde
2 kg de tomate
óleo
azeite
colorau
sal e pimenta
suco de limão

Limpe bem o peixe e corte-o em postas. Lave-o com limão.

Esfregue o fundo da panela de barro com um pouco de óleo de soja (duas colheres) e azeite de oliva (uma colher).

Soque o alho, três rodelas de cebola, um maço de cebolinha verde, um maço de coentro picado e sal. Coloque a massa no fundo da panela.

Vire as postas no tempero.

Coloque o peixe na panela. Arrume as postas de modo a que não fiquem umas por cima das outras.

Corte o resto do coentro, da cebolinha verde, do tomate e da cebola e coloque nesta ordem por cima das postas de peixe. Regue com um pouco de azeite e suco de limão.

Deixe tudo descansando por 20 a 60 minutos.

Leve ao fogo. Quando começar a abrir fervura, verifique o sal. Não ponha água, nem vire as postas. Cozinhe com a panela aberta.

Vá verificando o paladar do sal e do limão. Deixe no fogo forte por 20 a 25 minutos.

Sirva com arroz ou com pirão.

Etapa 4: elaborar ementa

  28. Escolha uma das propostas e elabore uma ementa com o seu colega. Preparem informações adicionais sobre os pratos (tradições associadas, influências culturais, etc).

1. Ementa regional
2. Ementa ibérica
3. Ementa do meu país

  29. Escolham um prato e digam como se confeciona aos vossos colegas.

Retrospetiva

1) Complete os quadros.

A. Palavras

Português do Brasil	Português europeu
1. maço	_____
2. cardápio	_____
3. fogo	_____
4. café da manhã	_____
5. suco	_____
6. socar	_____
7. diária	_____
8. planejar	_____
9. pegar	_____
10. tem	_____
11. conectar	_____
12. chalana	_____

B. Expressões

Português do Brasil	Português europeu
1. Meu bem	_____
2. Beleza!	_____
3. Pois não?	_____
4. Estou a fim de...	_____
5. Muito legal	_____
6. ser vidrado em	_____
7. no capricho	_____

As minhas competências	😁	🙂	😐	☹️
1. Sou capaz de usar o gerúndio.				
2. Sou capaz de identificar os diferentes estados e regiões do Brasil.				
3. Sou capaz de dar exemplos do património cultural brasileiro.				
4. Sou capaz de compreender explicações dadas no português do Brasil.				
5. Sou capaz de falar sobre a gastronomia brasileira.				

10

Em cartaz.

Nesta unidade, as minhas tarefas são:

- Responder a um questionário sobre música portuguesa.
- Ler sobre música produzida em Portugal nas últimas décadas.
- Ler e ouvir informações sobre festivais de música.
- Falar sobre a música produzida no meu país.
- Descrever os meus gostos e preferências.
- Ouvir e compreender informações sobre o Fado.
- Descrever o repertório de um fadista.
- Fazer uma entrevista.

Para isso, vou estudar:

Gramática	Vocabulário	Fonética / Ortografia	Cultura
• Pretérito mais-que--perfeito composto do conjuntivo • Orações condicionais (revisões)	• Géneros musicais • Álbuns • Personalidades • Festivais • Expressões idiomáticas	• Ortografia: palavras derivadas por prefixação	• *Tudo a Postos?*: Música portuguesa • *Diário Lexical*: Música portuguesa das décadas de 80, 90 e 00 • *Entre Nós*: Festivais • *Itinerário*: Variantes do Fado / Camané

Tudo a postos?

1. O que é que sabe sobre música portuguesa? Responda às perguntas.

Pergunta 1: Qual dos seguintes géneros musicais é considerado a canção nacional de Portugal?

A) Funaná
B) Samba
C) Morna
D) Fado

Pergunta 2: Consideram-na a melhor voz do Fado depois de Amália. Trata-se de:

A) Ana Moura
B) Maria da Fé
C) Mariza
D) Carminho

Pergunta 3: De que banda é que Teresa Salgueiro e Rodrigo Leão fizeram parte?

A) Madredeus
B) Heróis do Mar
C) Perfume
D) Santos e Pecadores

Pergunta 4: É considerada uma das melhores bandas do Rock português desde os anos 80, trata-se de:

A) Xutos & Pontapés
B) Madredeus
C) Clã
D) The Gift

Pergunta 5: O mega festival Rock in Rio realiza-se:

A) em Lisboa
B) no Porto
C) em Coimbra
D) em Faro

Pergunta 6: Em que localidade portuguesa nunca se realizou um festival de Verão?

A) Vilar de Mouros
B) Zambujeira do Mar
C) Odemira
D) Paredes de Coura

Pergunta 7: São um dos grupos revelação da última década. Cantam o popular de uma forma contemporânea e deram uma nova imagem ao fado:

A) Mão Morta
B) Deolinda
C) Da Weasel
D) GNR

Pergunta 8: Resultou da fusão de ritmos angolanos com a batida eletrónica. De que estilo de música se trata?

A) Kuduro
B) Kizomba
C) Semba
D) Tarrachinha

2. A July também fez o teste e está a comentá-lo com dois amigos portugueses. Preste muita atenção ao diálogo e confirme as suas respostas.

Tudo a postos?

3. Agora leia-o.

1	Rita:	E a resposta certa à pergunta oito é... a) kuduro.
	July:	Kuduro? Nunca tinha ouvido falar. É como o funaná e a morna?
	Pedro:	Não, o funaná e a morna são de Cabo Verde. Aliás, a morna está para Cabo Verde assim como o fado está para Portugal. O kuduro é mais recente.
5		Surgiu nos musseques de Luanda nos anos 90 e, de há uns anos para cá, *tem feito furor* em Portugal junto da comunidade angolana.
	Rita:	Furor, é *como quem diz*, nem toda a gente gosta de *rap*.
	July:	Em Londres, a única coisa que se conhece da música portuguesa é o fado.
	Pedro:	Pois, mas a música portuguesa é mais do que isso. Claro que reconheço que
10		a Mariza tem uma grande voz, mas não *sou muito dado ao fado*.
	Rita:	Eu cá gosto do fado castiço, aquele que faz *vir as lágrimas aos olhos*.
	July:	Mas há mais do que um tipo de fado?
	Rita:	Há. O fado de Lisboa é muito diferente do de Coimbra. Esse *tem a ver com* a vida estudantil. O fado castiço vem da alma. Fala-nos de saudade,
15		de nostalgia, de amores não correspondidos cantados ao som da guitarra portuguesa.
	July:	Nunca ouvi, nem um, nem outro. Só por curiosidade, vocês têm música portuguesa no MP3?
	Pedro:	Tenho umas músicas soltas dos Madredeus, quando a Teresa ainda estava
20		com eles, uma ou outra dos GNR e dois álbuns dos Xutos.
	Rita:	O Pedro é fã dos Xutos. Acha que eles são uma instituição do rock português. Conhece as músicas todas *de fio a pavio*.
	Pedro:	E não são? Já cantam há 30 anos e continuam *em grande*. Havias de ter visto o pessoal a *vibrar com eles* no Rock in Rio. Era tudo a cantar: "A carga
25		pronta e metida nos contentores...".
	July:	O Rock in Rio costuma ser aqui em Lisboa, não costuma?
	Pedro:	Costuma. Agora, *estou em pulgas* para ir ao Paredes de Coura e ao Sudoeste. Se tivesses marcado férias para agosto, levava-te comigo. Ias *curtir*.
	July:	Oxalá tivesse sabido disso mais cedo! Onde é que são esses festivais?
30	Pedro:	O Paredes de Coura é no Minho e o Sudoeste é na Zambujeira do Mar, na costa alentejana.
	July:	Que pena! Também era um bom pretexto para conhecer Portugal.
	Pedro:	Pois era. O Norte é muito bonito. Também fui a Vilar de Mouros uma vez. Foi pena que o tivessem cancelado há dois anos.
35	Rita:	Voltando ao questionário, tu não conhecias os Deolinda? Estão muito *na berra*.
	July:	*Tanto quanto sei*, nunca foram a Londres. Se eles já lá tivessem ido, conhecia--os.
	Rita:	Eles têm um projeto muito engraçado. Uma vez, fomos vê-los atuar. Bem, o
40		bar estava a *rebentar pelas costuras* e eles foram aplaudidos de pé.
	July:	E as outras bandas que apareceram nas perguntas, os GNR e os Mão...
	Pedro:	Morta? São bandas de rock. Os Clã e os The Gift fazem música alternativa.
	July:	Resumindo, a música portuguesa não é só fado e há muito para conhecer.
	Pedro:	Sem dúvida. Mas olha, se *tens assim tanta vontade* de conhecer música
45		portuguesa, vou mostrar-te uns CD que tenho ali. Vamos começar pelos Xutos..
	Rita:	Tinha de ser.

4. Explique as expressões do diálogo que estão em itálico.

Bússola Gramatical

Pretérito mais-que-perfeito do conjuntivo

5. O **pretérito mais-que-perfeito do conjuntivo** forma-se com o verbo *ter* no **imperfeito do conjuntivo** e o **particípio passado** do verbo principal.

Usa-se para:

A) Falar de uma ação que não se concretizou no passado:

Exemplo: Foi pena que o *tivessem cancelado* há dois anos.

B) Expressar um desejo inverso a algo que não se concretizou:

Exemplo: Oxalá *tivesse sabido* disso mais cedo!

6. Complete as frases com os verbos no **pretérito mais-que-perfeito do conjuntivo**.

1. Foi bom que _____ (tu / escolher) este dia para virmos ao festival.
2. O apresentador lamentou que o concorrente _____ (perder).
3. Não acreditei que eles _____ (ir) ao concerto sem nos dizer.
4. Tivemos medo que ela _____ (esquecer-se) de comprar os bilhetes.
5. Só queria que _____ (ver) os Xutos ao vivo. Foi o máximo.

7. Siga o exemplo.

Exemplo:
Tirei férias naquela semana para ir ao Festival e cancelaram-no.
Oxalá não **tivesse tirado** férias!

1. Não vimos a abertura do concerto.
   Tomara que _____.
2. Não comprei o álbum da Mariza em Lisboa e agora não o encontro em Paris.
   Quem me dera que _____.
3. Chegámos atrasados e perdemos o início do filme.
   Oxalá _____.
4. O primeiro dia do festival foi péssimo. Arrependi-me tanto de ir.
   Quem me dera que _____.

Bússola Gramatical

se + pretérito mais-que-perfeito composto do conjuntivo

8. O **pretérito mais-que-perfeito composto do conjuntivo** também se usa em condicionais. Repare nos exemplos. Comente as diferenças com o seu professor.

> **Exemplos:**
> Se eles já lá **tivessem ido**, conhecia-os.
> Se **tivesses marcado** férias para agosto, levava-te comigo.
> Se me **tivessem convidado**, tinha ido com vocês ao concerto.

9. Complete as frases de uma forma lógica.

1. Se não tivessem inventado o MP3 _____
   _____

2. Se o Elvis Presley não tivesse existido _____
   _____

3. Algumas bandas seriam mais conhecidas se _____
   _____

4. Nós não teríamos lançado o álbum se _____
   _____

5. Se tivéssemos ido ao concerto _____
   _____

Condicionais (revisões)

10. Complete as frases com os verbos destacados. Conjugue-os no modo e no tempo adequados.

1. A: **Vou** ao bar.
   B: Se _____ ao bar, traz-me um café.

2. A: Será que a Carla já **viu** o álbum?
   B: Acho que não. Se ela o _____, tinha-nos dito.

3. A: Duvido que o Pedro **saiba** onde fica o estúdio.
   B: Não te preocupes. Se ele não _____, telefona-nos.

4. A: Os bilhetes para o festival **eram** tão caros!
   B: Também acho. Se não _____, teria ido.

5. A: Não sei se **posso** vir ao jantar no sábado.
   B: Se não _____, avisa-me com antecedência.

6. A: Há que tempos que não saio à noite. **Tenho** mesmo vontade de dançar.
   B: Se _____ assim tanta vontade, combinamos uma saída.

Diário Lexical

Música portuguesa

11. A revista *BLITZ* fez uma retrospetiva dos álbuns que marcaram a música portuguesa nas últimas décadas. Leia a crítica de quatro desses álbuns.

Anos 80

Nasce do encontro entre Rodrigo Leão (Sétima Legião) e Pedro Ayres Magalhães (Heróis do Mar) um dos projetos, simultaneamente, mais pensados e mais sentidos do último quarto de século. Universalizar a poesia portuguesa foi, desde cedo, um objetivo e a carreira internacional assim o atesta. As gravações de *Os Dias da Madredeus* aconteceram em três dias no Teatro Ibérico.

Anos 90

O funk atrevido, globalizado no som portuguesíssimo no imaginário, de "Não posso mais!", "É preciso Ter Calma" ou "Socorro" garantiram desde logo a Pedro Abrunhosa forte presença na rádio e vendas avassaladoras.
Viagens é facilmente reconhecível como um dos discos portugueses mais marcantes dos últimos 15 anos. Tão intemporal e universal como a inspiração de Pedro Abrunhosa.

Anos 90

A ideia fermentava desde 1982, mas só em 1990 é que Rui Veloso conseguiu gravar um duplo LP conceptual, sobre a vida de uma banda de província dos anos 60 e 70. "Não Há Estrelas no Céu", a última a ser gravada, como brincadeira acústica, torna-se um êxito e abre caminho para a caminhada fulgurante de *Mingos & Os Samurais* no top nacional. Graças a "Paixão", "O Prometido é Devido" ou "Um Trolha d'Areosa", o quinto estúdio de Rui Veloso bateu recordes e atingiu o galardão da Sêxtupla Platina.

Anos 00

O álbum de estreia daquela que é considerada a grande diva do fado do "novo" século é aquele que guarda a sua maior preciosidade, ainda hoje cantada pela legião de seguidores que acorre a cada um dos seus espetáculos. "Ó Gente da Minha Terra", originalmente cantada por Amália, ajudou a transformar Mariza na maior embaixadora do fado por esse mundo e a transformar *Fado Em Mim* num verdadeiro campeão de vendas.

Fonte: *BLITZ* (Novembro 2009) (adaptado)

Diário Lexical

12. Responda às perguntas.

1. Em que se distinguiu o projeto dos Madredeus?
2. Como foi a reação dos portugueses ao álbum *Viagens* de Pedro Abrunhosa?
3. A que faixas se atribui o êxito de *Mingos & Os Samurais*?
4. Que fadista cantou "Ó Gente da Minha Terra" antes de Mariza?
5. Se pensar no seu país, consegue lembrar-se dos álbuns mais marcantes das últimas décadas?
6. Que imagem se tem no seu país da música portuguesa?

13. Leia o texto sobre a música portuguesa na primeira década do século XXI.

Até pode ter havido décadas mais criativas na produção de música portuguesa, mas nunca tão variadas, com uma oferta tão vasta, como os anos 00. Duvidam?

1. Esta foi a década do pop cantado em inglês, tendo em David Fonseca e nos The Gift exemplos de grande popularidade dentro de portas, ainda que falhando a desejada internacionalização.
2. Mas esta também foi a década do regresso ao bom português, cultivada sobretudo pelos sócios da FlorCaveira.
3. Ao mesmo tempo, esta é a década do novo fado, com o surgimento – ou a definitiva afirmação – de uma miríade de novos cantores de grande qualidade, como Mariza – de uma perspetiva internacional, sem dúvida o maior fenómeno dos anos 2000 – Ana Moura, Carminho ou Ricardo Ribeiro.
4. Esta também é a década em que este mesmo Ricardo Ribeiro assina um disco absolutamente extraordinário com o músico germano-libanês Rabih Aboukhalil, onde o entrelaçamento do fado e da canção árabe mostra como há caminhos escondidos na velha tradição.
5. E no hip hop português é a década de afirmação dos Da Weasel como fenómeno de grandes salas e de Sam the Kid como um dos mais engenhosos compositores portugueses.
6. Esta foi a década em que a internacionalização falhada dos grupos pop foi compensada com pequenas surpresas como Legendary Tiger Man, cuja idiossincrasia musical e visual caiu nas boas graças de outros mercados, como o francês.
7. E foi a década da afirmação de Portugal como plataforma agregadora dos ritmos africanos, dando, particularmente, ao kuduro angolano dignidade eletrónica, assim o projetando nas pistas de dança mundiais através dos Buraka Som Sistema.
8. Foi igualmente uma década que soube reatualizar e homenagear o seu passado, através do projeto Humanos, o melhor disco que António Variações nunca gravou, ou de Amália Hoje, que retirou todos os vestígios de tragédia dos fados de Amália Rodrigues.
9. E foi uma década que recuperou não só nomes antigos, mas géneros que vegetavam em velhos discos, com o inesperado sucesso dos Deolinda (e depois dos Oquestrada) a demonstrar o potencial lúdico nos ritmos tradicionais portugueses.
10. E foi, finalmente, a década em que uma pequena editora de jazz – a Clean Feed – recusou qualquer provincianismo para se transformar, a partir de um recanto de Lisboa, num dos selos mais prestigiados a nível mundial.

Fonte: João Tavares in BLITZ (Novembro 2009) (adaptado)

Diário Lexical

14. Responda às perguntas.

1. David Fonseca e os The Gift arriscaram ao cantar em inglês. No seu país há exemplos semelhantes? Concorda com essa opção? Porquê?
2. Segundo o texto, é correto afirmar que o fado está a perder popularidade devido ao aparecimento de outros géneros musicais? Justifique a sua resposta.
3. Que nomes do passado foram recuperados pelos Humanos e pelos Amália Hoje?
4. A que se deve a originalidade do projeto dos Deolinda?
5. Que estilos musicais passam mais na rádio no seu país?
6. Como é que classifica a produção musical no seu país? Nota muitas diferenças nos últimos anos?

Expressões idiomáticas

15. Siga o exemplo e relacione as expressões destacadas nas frases com as palavras que encontra na coluna da esquerda.

1 ___ 2 ___ 3 ___ 4 ___ **5 _a)_** 6 ___ 7 ___ 8 ___ 9 ___ 10 ___ 11 ___ 12 ___

1. na moda	a) *Estou **em pulgas** para ir ao Paredes de Coura e ao Sudoeste.*
2. excelente	b) O Pavilhão Atlântico estava **a abarrotar**.
3. de memória	c) O concerto foi **uma seca**.
4. vazia	d) Ele sabe as letras do Camané **de cor e salteado**.
5. **ansioso**	e) Se tivesse chovido, o concerto tinha sido um **fiasco**.
6. trabalhoso	f) Que discotecas é que estão **na berra** em Lisboa?
7. cheio	g) Gravar o CD foi **um petisco**.
8. aborrecido	h) Eles organizaram mais uma festa **de arromba**.
9. bem	i) Ser músico não é **um mar de rosas**.
10. ousado	j) À meia-noite, é normal que a discoteca estivesse **às moscas**.
11. malogro	l) A atuação correu **às mil maravilhas**.
12. fácil	m) Ele é muito **à frente**.

Entre Nós

Festivais de Verão

16. Os meses de julho e agosto são meses quentes para os amantes da música em Portugal. De norte a sul do país, os festivais de música proliferam com opções para todos os gostos, oferecendo atuações de bandas nacionais e estrangeiras. Leia os textos.

SUPER BOCK SUPER ROCK

Meco

É CONHECIDO COMO festival "camaleónico". Em 16 anos de existência, o Super Bock mudou inúmeras vezes de configuração e de local, realizou-se em recintos fechados, nos Coliseus, Paradise Garage ou Hard Club, e em espaços ao ar livre, como a Gare Marítima de Alcântara, o Parque Tejo ou o Estádio do Restelo. Para a história ficam memórias da atuação dos Rage Against The Machine em 1997, do concerto dos Morphine na Praça Sony, numa Expo 98 *apinhada*, e de um Coliseu de Lisboa a rebentar pelas costuras.

FmmSines
Festival Músicas do Mundo 2010

FMM

Sines e Porto Covo

É O MAIOR FESTIVAL português de "world music", o termo que, à falta de batismo mais feliz, se aplica à imensidão de folk, fado, reggae e jazz que todos os anos, desde 1999, invade a cidade de Sines. Menino dos olhos da autarquia, o Festival Músicas do Mundo de Sines (FMM para os amigos) tem crescido de *forma vertiginosa* ao longo da última década; de tal forma que, em 2005, a festa estende-se a Porto Covo, localidade vizinha que *acolhe* os primeiros concertos do certame.

FESTIVAL paredes de coura

PAREDES DE COURA

Alto Minho

HÁ 17 ANOS QUE, numa encosta verdejante do Alto Minho, o festival Paredes de Coura põe a pequena localidade no mapa dos amantes de música ao vivo, atraindo não só os espetadores nacionais, como os vizinhos da Galiza. Hoje, especializado no campeonato indie, Paredes de Coura já *teve várias caras*: das edições inaugurais com artistas portugueses como Cosmic City e Blind Zero, passando pelo nu metal que, no *arranque* da década dos zeros dominava a paisagem, o maior festival nortenho tem sabido envelhecer *com pinta* e algumas surpresas.

SUDOESTE TMN

Zambujeira do Mar

É O FESTIVAL DOS FESTIVAIS em Portugal. Foi com ele que a *febre começou* e é a ele que voltamos todos os anos, quais *filhos pródigos a regressarem a casa*. A Herdade da Casa Branca cresceu ao longo de treze edições, com o campismo a ficar *cada vez mais concorrido* e o recinto cada vez mais cheio de atrações paralelas. Uma coisa é certa: o palco do reggae é sucesso garantido, mesmo que o cartaz seja quase sempre o mesmo. Momentos memoráveis? São demasiados, mas destacamos o concerto de Marilyn Manson em '97, a chuva de pedras sobre os Oasis em 2000, a "rave" dos Chemical Brothers em 2002 e a festa de Bjork em 2008.

Fonte: *BLITZ* (Novembro 2009) (adaptado)

Entre Nós

17. Responda às perguntas.

1. Onde é que se realizam os festivais?
2. Em que é que se distinguem?
3. Explique por palavras suas as expressões destacadas nos textos.

18. Ouça os comentários sobre os festivais e complete o quadro.

79-82

Informações práticas	Festivais			
	Texto A	Texto B	Texto C	Texto D
Festival	Paredes de Coura	FMM	Sudoeste	SBSR
Como chegar				
Onde ficar				
Comida				

19. A qual dos festivais gostaria de ir? Porquê?

Cofre de Sons e Letras

Ortografia

20. Observe o quadro.

des	provoca a queda do **h** inicial da palavra à qual se liga	**des**umano **des**acreditar
i	antes de palavras começadas por **l, m, n**	**i**lícito / **i**moral / **i**nodoro
ir	antes de **r**	**ir**real
im **in**	antes de **b** ou **p**	**im**possível **in**feliz

21. Forme novas palavras com os prefixos do quadro acima.

agradável: _____	mortal: _____
coerente: _____	popular: _____
habitado: _____	responsável: _____
hábil: _____	ligar: _____
regular: _____	provável: _____
preciso: _____	legível: _____

22. Ouça e escreva as palavras.

83

1. _____   5. _____
2. _____   6. _____
3. _____   7. _____
4. _____   8. _____

Itinerário

Etapa 1: ouvir diálogo

23. A origem do fado é incerta. Há quem defenda que nasceu de cânticos muçulmanos, outros pensam que derivou do *lundum*, ritmo difundido pelos escravos e trazido para Portugal pelos marinheiros. Seja qual for a sua origem, o certo é que o fado se tornou num ícone de portugalidade. Ouça o diálogo e complete o quadro.

	Características	Figuras de renome
Fado de Lisboa		- Maria Severa (século XIX) - Amália Rodrigues Alfredo Marceneiro - Camané e Mariza (anos 90)
Fado de Coimbra		- Guitarrista Carlos Paredes - António Menano Armando Goes - Augusto Hilário (século XIX)

Etapa 2: ouvir texto

24. Camané é um dos fadistas mais galardoados da nova geração. Ouça o texto e tome notas sobre a sua carreira.

© Reinaldo Rodrigues

25. O que é que ficou a saber sobre *Camané*? Em grupo, reconstituam o que ouviram.

Itinerário

Etapa 3: entrevista

 26. Vamos preparar uma entrevista. Siga as instruções.

1. Forme um grupo com um ou dois colegas.
2. Escolham um artista ou uma banda conhecida internacionalmente sem revelar o nome aos outros grupos. Certifiquem-se de que conhecem:

   A) a história da banda ou do/a cantor/a;
   B) êxitos (e fracassos);
   C) outros dados: concertos memoráveis.

3. Os restantes grupos farão perguntas de modo a adivinhar de quem se trata.

 27. Leia os exemplos de perguntas que se encontram nos quadros. Pode acrescentar outras.

Expressões úteis

Percurso profissional	Objetivos de carreira
• Qual foi o momento mais marcante do seu percurso? • Se pudesse alterar alguma coisa na sua carreira, o que é que alteraria? • Se não tivesse tido tanto sucesso como músico, a que é que se teria dedicado?	• Quais são os seus planos de carreira a curto prazo? • Onde é que se vê daqui a dez anos? • Como é que gostaria de ser recordado?

Expressar atenção	Confirmar se se entendeu bem
• Entendo o que quer dizer... • Certamente... • Sim, claro... • Pois / Pois não...	• Deixe-me ver se entendi bem... • O que está a dizer é que... • Resumindo, o que quer dizer é... • Das suas palavras, depreendo que...

Fazer perguntas indiscretas	Evitar responder
• Posso perguntar... • Não precisa de responder se não quiser. • Só por curiosidade... • Há algo que os fãs certamente gostariam de saber...	• É uma pergunta para a qual não tenho resposta. • É difícil dizer... • Ainda não é o momento certo para... • Ainda é cedo para...

 28. Simulem a entrevista.

Retrospetiva

1. Assinale em cada par de frases a opção correta. Em alguns casos, ambas são possíveis.

   1.
   a. Se me tivesses pedido, teria passado pela bilheteira.
   b. Se me tivesses pedido, passei pela bilheteira.

   2.
   a. Se não te tivesses atrasado, teríamos chegado a tempo de ver a primeira banda.
   b. Se não te tivesses atrasado, chegávamos a tempo de ver a primeira banda.

   3.
   a. Se o vocalista não tivesse deixado a banda, eles não se teriam separado.
   b. Se o vocalista não tivesse deixado a banda, eles não se separaram.

   4.
   a. Se tivéssemos aberto um bar na zona ribeirinha, teríamos tido mais clientes.
   b. Se tivéssemos aberto um bar na zona ribeirinha, teríamos mais clientes.

2. Complete a coluna da direita com sinónimos.

1. populares	
2. inesquecível	
3. fracasso	
4. evento	
5. cheio	
6. sucesso	
7. rápido	
8. acolher	
9. brilhante	
10. variedade	

As minhas competências	😁	🙂	😐	☹
1. Sou capaz de formular hipóteses factuais, possíveis, impossíveis e irreais.				
2. Sou capaz de identificar nomes de bandas e artistas portugueses.				
3. Sou capaz de compreender informações sobre diferentes géneros musicais.				
4. Sou capaz de fazer uma entrevista (verificar se compreendo o que me dizem, expressar atenção, fazer perguntas indiscretas).				

Ponto de Encontro 2

1. Passe as frases para o discurso indireto. Faça as alterações necessárias.

1. "Vai aos correios levantar a encomenda."

   O meu pai pediu-me que _____

2. "Tragam os livros."

   A professora disse-nos para _____

3. "Venham mais cedo."

   A Rita pediu-nos que _____

4. "Sê paciente com a tua irmã."

   O meu pai pediu-me que _____

5. "Deem-me o vosso número de telefone."

   A Sara pediu-lhes que _____

6. "Vejam este filme. É ótimo."

   A Mariana sugeriu-nos que _____

7. "Podes sair, mas quero que estejas em casa antes das 20h."

   A mãe do Pedro disse-lhe que _____,

   mas _____.

8. "Faz o melhor que puderes para resolver a situação."

   A Sónia pediu-me para _____

2. Passe os textos para o discurso indireto.

A.
"Quando cheguei a Angola, passei por uma fase difícil. Embora soubesse que a vida cá era muito diferente daquilo a que estava habituado, nunca imaginei que sentiria tanto a falta da minha família. Não sabes a sorte que tens. O Porto é uma cidade fantástica e tens tudo ao pé de ti."

O Rui contou-me que _____
_____
_____
_____

cento e sessenta e nove 169

Ponto de Encontro 2

B.
"Gostaria de levar-vos à ilha de Mussulo. Conheço uns bares e uns restaurantes onde se come muito bem. Quando vim para Luanda, costumava ir lá bastantes vezes. De há uns tempos para cá, tenho tido tanto trabalho que raramente saio. Será um prazer receber-vos quando vierem."

A Vera disse-me que _____
_____
_____
_____

3. Voz ativa ou voz passiva?

1. Oxalá o nosso melhor jogador não _____(suspender). Vai ser difícil manter a vantagem no campeonato.
2. Os golos da vitória _____(marcar) a um minuto do final da partida.
3. Amanhã, as provas de atletismo _____(transmitir) em direto.
4. Antes do final da primeira parte, já o guarda-redes _____ (expulsar).
5. Dantes, o basquetebol _____(atrair) adeptos mais jovens.
6. Ontem à noite, mais de 70% dos portugueses _____(ver) o jogo em direto.
7. A maioria das medalhas _____(ganhar) por atletas americanos.
8. A melhor marca do ano _____(alcançar) por Manso.
9. Luís Marques _____(inaugurar) o marcador à passagem do 8º minuto da primeira parte.
10. A final da Liga dos Campeões _____(disputar) no Estádio da Luz no dia 20.
11. _____(fazer) muitas críticas ao treinador.
12. A lesão do avançado não _____(aceitar) pelos restantes elementos da equipa.

Ponto de Encontro 2

4. Corrija os tempos verbais quando necessário.

1. Por muito que se esforça, não vai conseguir passar à fase seguinte.
2. Ainda que tenho vontade de conhecer o Brasil, só o farei daqui a dois anos.
3. Caso passares pelo ginásio, avisa-me.
4. Apesar de sairmos cedo e virmos de carro, chegamos sempre atrasados.
5. Quando veres a Sandra, pede-lhe que me telefone.
6. Sempre que nos encontrávamos, divertíamo-nos imenso.
7. Enquanto estarem em Angola, aproveitem para conhecer o país.
8. Logo que ouvir a notícia, fiquei muito entusiasmada.
9. Vamos à Amazónia desde que nos garantem um guia profissional.
10. Dê por onde der, vou tirar dois meses de férias.
11. Cheguei a casa muito antes de tu acordes.
12. O jogo vai ser transmitido logo à noite salvo se há alguma indicação em contrário.
13. Que desilusão! Oxalá tivessem trazido a taça.
14. Por pouco que ele tem, é feliz.
15. Embora ela pratica desporto regularmente, acha que não está em forma.

5. Siga o exemplo. Faça as alterações necessárias.

Exemplo:
Tendo tempo, vou inscrever-me no ginásio. (quando)
Quando tiver tempo, vou inscrever-me no ginásio.

1. Sendo 18h, vou ao ginásio. (quando)

2. Chegando a casa, vou ver se tenho correio. (ao)

3. Gostando ou não, tens de fazer o exame. (ainda que)

4. Falando com eles, havemos de encontrar uma solução. (se)

5. Voltando ao que nos trouxe aqui hoje: quem é que vota contra? (para)

Ponto de Encontro 2

6. Respondendo à tua pergunta, acho que é melhor adiarmos a decisão. (para)
_____

7. Sendo pouco dado a ritmos africanos, dançou a noite toda. (apesar de)
_____

8. Sabendo que ele queria conhecer o Rio de Janeiro, ofereci-lhe o voo. (como)
_____

6. O que querem dizer as seguintes expressões?

1. ser um petisco	
2. estar às moscas	
3. ser uma seca	
4. estar na berra	
5. acertar em cheio	
6. ser canja	
7. de fio a pavio	
8. ser dado a	

7. Siga o exemplo.

Exemplo:
Sem esforço, não terias batido o recorde.
Se não te tivesses esforçado, não tinhas batido o recorde.

1. Sem o curso de Informática, não tinha conseguido o emprego.
_____

2. Com outro treinador, não tínhamos sido eliminados.
_____

3. Com mais calma, tinhas-te qualificado para a final.
_____

4. Ele não se concentrou e falhámos o golo.
_____

5. Como choveu imenso, não pudemos treinar.
_____

PORTEFÓLIO

PORTUGUÊS B1

Data: _____

Biografia Linguística: *Língua e cultura*

1. Classifique as frases:

Concordo completamente (3)   Concordo em parte (2)   Discordo (1)

Língua

1. ___ Basta ir às aulas para ter uma boa pronúncia.
2. ___ Os exercícios de ortografia são uma perda de tempo.
3. ___ Estudar os verbos é mais importante do que simular situações na aula.
4. ___ Para falar corretamente é importante estudar a gramática, o vocabulário e a fonética.
5. ___ Aprende-se a falar mais depressa quando se ouve as gravações na aula.
6. ___ Para ter uma boa pronúncia, é preciso imitar os portugueses.
7. ___ O português e o espanhol são tão parecidos que quase não é necessário estudar.
8. ___ Para aprender português rapidamente, o melhor é ler muito.

Cultura

1. ___ Ninguém pode falar uma língua sem conhecer a cultura que lhe está associada.
2. ___ Conhecer a cultura de um país é estudar tópicos relacionados com a atualidade (ex.: economia, política e sociedade).
3. ___ A linguagem corporal deve fazer parte do estudo da língua.
4. ___ Não vale a pena estudar os valores e os comportamentos dos portugueses porque são muito parecidos com os dos espanhóis.
5. ___ Prefiro estudar a cultura do dia a dia (ex.: hábitos, mentalidade e valores) a saber a História ou a conhecer a geografia de um país.

2. Comente a sua avaliação com os seus colegas e com o seu professor.

O meu dossier

Escreva o seu plano de estudos.

Data: _____

Biografia Linguística: *Comunicação não verbal*

Que gestos são mais frequentes no seu país? Dê exemplos ao seu professor e aos seus colegas e descubra se existem em Portugal ou noutros países.

No meu país
_____
_____
_____
_____
_____

Em Portugal
_____
_____
_____
_____
_____

Noutros países
_____
_____
_____
_____
_____
_____

O meu dossier

Escolha uma das propostas e escreva um texto (100-120 palavras).

Proposta 1:

Escreva a biografia de uma personalidade importante do seu país.

Proposta 2:

Comente a seguinte citação.

"Não faz sentido dizer que se é português, espanhol ou japonês num mundo tão globalizado. Na realidade, somos cidadãos do mundo. A noção de território é limitativa e só contribui para a promoção de estereótipos."

2

Data: _____

Biografia linguística: *Falar para uma audiência*

Reflita sobre a apresentação que fez na aula e complete o quadro.

	V	F
Estruturei bem a minha apresentação.		
Foi fácil organizar o meu discurso.		
Por vezes, tive dificuldades com os conetores.		
Foi fácil desenvolver os tópicos.		
Notei a interferência do espanhol.		
Falei de uma forma clara.		
Consegui manter a atenção dos meus colegas.		
Acho que a minha exposição foi coerente.		
Esgotei o tempo antes de chegar à conclusão.		
Respondi com segurança às perguntas finais.		

O meu dossier

Escolha uma das propostas e escreva um texto (100-120 palavras).

Proposta 1:

O sistema educativo no meu país.

Proposta 2:

As vantagens e as desvantagens de um curso universitário.

Proposta 3:

Escreva uma carta a uma universidade e peça informações (duração do curso, horários, preço).

Data: _____

Biografia linguística: *Próximos, mas diferentes*

Que diferenças encontrou nesta unidade entre o português e o espanhol? Complete os quadros com exemplos.

Gramática

Português	Espanhol
_____	_____
_____	_____
_____	_____
_____	_____
_____	_____

Vocabulário

Português	Espanhol
_____	_____
_____	_____
_____	_____
_____	_____
_____	_____

O meu dossier

Escolha uma das propostas e escreva um texto (120-150 palavras).

Proposta 1:

Há quem defenda que algumas festas populares se tornarem obsoletas. Concorda com esta opinião? Encontra exemplos no seu país?

Proposta 2:

Recorda-se da última festa a que foi? Descreva o que viu e o que fez.

Proposta 3:

Já participou na organização de alguma festa popular? Como foi essa experiência?

cento e setenta e sete 177

Data: _____

Biografia linguística: *Em debate*

Reflita sobre o debate em que participou. Responda às perguntas.

1. Acha que conseguiu defender bem o seu ponto de vista? Porquê?
_____
_____

2. Em que é que teve mais dificuldades?

    a) relacionar ideias
    b) contra-argumentar
    c) resumir
    d) outros: _____

3. Complete o quadro sobre o modo como o debate decorreu.

Pontos positivos	Pontos negativos

O meu dossier

Escolha uma das propostas e escreva um texto (120-150 palavras).

Proposta 1:

A imigração no meu país.

Proposta 2:

Se eu emigrasse...

Proposta 3:

Já viveu fora do seu país? Como foi essa experiência?

Proposta 4:

Imagine a primeira semana de um imigrante recém-chegado ao seu país sem família nem amigos. Que aspetos lhe causariam mais estranheza? Que tipo de dificuldades encontraria? Como é que sobreviveria?

Data: _____

Biografia linguística: *"Espanholês" ou português?*

Reflita sobre a interferência do espanhol no modo como fala e escreve em português. Assinale as frases verdadeiras.

1. Gramática

1. ☐ Misturo os tempos verbais.
2. ☐ Reconheço as diferenças, mas continuo a dar erros.
3. ☐ Sei usar corretamente as conjunções e locuções que são diferentes em português.
4. ☐ Tenho dificuldades com o futuro do conjuntivo.
5. ☐ Esqueço-me de usar o infinitivo pessoal.
6. ☐ É fácil formular hipóteses com *se*.
7. ☐ Ainda não consigo usar as preposições corretamente.
8. ☐ O uso do imperfeito do conjuntivo ainda não está claro para mim.

2. Léxico

1. ☐ Tenho dúvidas sobre algumas palavras, mas não as procuro no dicionário.
2. ☐ Quando falo ou escrevo, dizem-me que ainda uso muitas palavras em espanhol.
3. ☐ Começo a utilizar expressões idiomáticas em português.
4. ☐ Identifico as diferenças entre os provérbios portugueses e espanhóis.

O meu dossier

Escolha <u>uma</u> das propostas e escreva um texto (100-120 palavras).

<u>Proposta 1:</u>

Carta de candidatura espontânea.

<u>Proposta 2:</u>

Carta de resposta a um anúncio de emprego.

Data: _____

Biografia linguística: *Simulações*

Qual é a sua opinião sobre as simulações na sala de aula? Assinale se as frases são verdadeiras ou falsas:

	V	F
Acho interessante simular situações do quotidiano.		
Sou capaz de seguir os guiões.		
Por vezes, é difícil usar as expressões adequadas.		
Simular permite-me praticar aspetos importantes como a entoação.		
Prefiro debates a simulações.		
Não compreendo o objetivo deste tipo de exercícios.		
Gostaria de simular outro tipo de situações na aula.		
Foi importante analisar o modo como simulei.		
Conseguiria usar as expressões que aprendi fora da sala de aula.		

O meu dossier

Escolha <u>uma</u> das propostas e escreva um texto (150-180 palavras).

Proposta 1:

Há quem diga que, hoje em dia, as relações se tornaram descartáveis devido à facilidade com que são terminadas. Concorda com esta opinião? Ou acha que é um sinal da evolução dos tempos e de que as pessoas têm uma maior consciência de si próprias?

Proposta 2:

Comente a seguinte citação:

"Todas as cartas de amor são ridículas, não seriam cartas de amor se não fossem ridículas."

Fernando Pessoa

Biografia linguística: *Angola*

A. Se me pedissem para falar de Angola, eu poderia...

	+	+ / -	-
localizar a capital.			
nomear diferentes províncias.			
referir alguns aspetos do dia a dia do povo.			
comentar indicadores económicos e sociais.			
falar sobre os problemas de caráter económico.			
dar informações sobre jornais e TV.			
recomendar alguns pontos turísticos.			
identificar as línguas nacionais.			
explicar algumas expressões angolanas.			

B. Que aspetos é que mais o surpreenderam nos tópicos que foram abordados?

_____
_____
_____
_____
_____
_____

O meu dossier

Escolha <u>uma</u> das propostas e escreva um texto (150-180 palavras).

<u>Proposta 1:</u>

Imagine uma conversa entre um zungueiro e um empresário bem sucedido.

<u>Proposta 2:</u>

Escreva sobre o país lusófono sobre o qual pesquisou.

<u>Proposta 3:</u>

Pense num país hispânico. Que comentários inseriria num blogue sobre esse país? Escreva-os.

8

Data: _____

Biografia linguística: *Ouvir, compreender e interagir*

A. Material gravado

Sou capaz de compreender...

	+	+/-	-
informações factuais e objetivas.			
os tópicos centrais de uma discussão.			
descrições pormenorizadas de eventos.			
notícias breves.			
uma entrevista.			
uma exposição sobre um tema que não domino.			
diálogos variados.			
um texto narrativo.			
testemunhos sobre assuntos que desconheço.			

B. Em interação

Sou capaz de...

	+	+/-	-
seguir um diálogo entre portugueses sem interromper para esclarecer dúvidas.			
interpretar o estado de espírito de quem ouço pela entoação.			
participar num diálogo sem hesitar muito.			
dar a minha opinião e comentar.			
usar expressões espontaneamente.			
compreender testemunhos sobre assuntos que desconheço.			

O meu dossier

Escolha <u>uma</u> das propostas e escreva um texto (180-200 palavras).

Proposta 1:

Escreva um resumo de momentos desportivos marcantes para o seu país.

Proposta 2:

Escreva três notícias sobre a atualidade desportiva.

Data: _____

Biografia linguística: *A minha escrita*

A. Quando escrevo, sou capaz de:

	+	+ / -	-
transmitir claramente o que pretendo dizer.			
defender os meus pontos de vista.			
estruturar o texto, usando os conetores adequados.			
dar e/ou pedir informações.			

B. Verdadeiro ou falso?

	V	F
Tenho de recorrer frequentemente ao dicionário.		
Os meus textos ainda têm muitas interferências do espanhol.		
Embora ainda dê alguns erros, sinto que estou a progredir.		
Ainda tenho dúvidas sobre a acentuação.		
A pontuação não é um problema.		

O meu dossier

Escolha <u>uma</u> das propostas e escreva um texto (180-200 palavras).

<u>Proposta 1:</u>

Pesquise sobre uma região do Brasil e faça um levantamento dos tópicos que achar mais interessantes. Escreva um resumo das informações que encontrou.

<u>Proposta 2:</u>

Imagine que esteve de férias no Brasil. Escreva um *e-mail* a um amigo contando-lhe as suas impressões.

<u>Proposta 3:</u>

Influências da cultura espanhola noutros países.

10

Data: _____

Biografia linguística: *Em retrospetiva*

A. Compreensão oral

	+	+ / -	-
Compreendo textos informativos.			
Compreendo relatos de acontecimentos.			
Compreendo diálogos sobre tópicos do quotidiano.			
Compreendo diálogos sobre temas que não conheço bem.			
Compreendo notícias sobre assuntos diversos.			
Compreendo as opiniões dos outros.			

B. Produção / interação oral

	+	+ / -	-
Exponho e defendo os meus pontos de vista.			
Sei fazer uma entrevista.			
Participo num debate, usando os conetores adequados.			
Intervenho numa conversa com nativos sem hesitar.			
Sinto-me à vontade quando faço uma apresentação.			

C. Produção / interação escrita

Sou capaz de escrever...

	+	+ / -	-
textos pessoais como cartas, postais e *emails*.			
textos informativos.			
uma carta de candidatura a um emprego.			
textos criativos (histórias).			
um relato de algo que se passou comigo ou com outros.			
o guião de uma apresentação.			

O meu dossier

Escreva um email e envie-o para o seguinte endereço eletrónico:
correio.entrenosB1@gmail.com
Conte como foi estudar por este manual e se atingiu os seus objetivos.

Fica...ENTRE NÓS!

PRÓXIMOS, MAS DIFERENTES

GLOSSÁRIO GRAMATICAL

Conjunções e locuções

Coordenativas..186
Subordinativas..188

Verbos

Condicional..191

Presente..191
Pretérito..192

Indicativo

Futuro imperfeito..193
Pretérito mais-que-perfeito composto..194

Infinitivo

Infinitivo pessoal simples..194
Infinitivo pessoal simples *vs* presente do conjuntivo...195
Infinitivo impessoal...196

Conjuntivo

Presente..196
Imperfeito..197
Futuro..200
Presente + futuro em orações concessivas...202
Pretérito mais-que-perfeito composto..202

Orações condicionais com *se*..203

Quadros síntese: conjunções, preposições e locuções + modos verbais.......................205

Gerúndio simples..207

Discurso direto e indireto..208

Voz ativa / voz passiva..210

Particípios passados duplos..210

Formação de palavras..213

Português do Brasil *vs* Português europeu...213

Verbos Conjugados..214

Próximos, mas Diferentes

GLOSSÁRIO GRAMATICAL

CONJUNÇÕES E LOCUÇÕES

COORDENATIVAS

A. Formas

Em geral, os usos coincidem nas duas línguas. Há que ter em atenção as diferenças ortográficas e os falsos amigos.

1. Copulativas

Conjunções	
Português	Espanhol
e	e / y
nem	ni

Atenção!
A conjunção **e** só tem uma forma em português.

Exemplos:
Este projeto é interessante **e** importante.
Comi peixe cozido **e** hortaliça.
Cantámos **e** dançámos a noite toda.

Locuções	
Português	Espanhol
não só… mas também	no solo… sino también
nem… nem	ni… ni

Exemplos:
Não sei **nem** o apelido **nem** a morada da Sónia.
Não só jantámos **como também** fomos à discoteca.

2. Adversativas

Conjunções / Locuções	
Português	Espanhol
mas	pero / sino
porém / todavia / contudo	sin embargo / con todo
não obstante / no entanto	no obstante

Atenção!
1. Não confundir a conjunção **mas** com o adjetivo **más** (esp. malas).
2. A conjunção espanhola **sino** corresponde em português a **mas sim** e a **a não ser**.

Português	Espanhol
Ele não era giro, **mas sim** simpático.	Él no era guapo, **sino** simpático.
Ela não faz outra coisa **a não ser** trabalhar.	Ella no hace otra cosa **sino** trabajar.

Próximos, mas Diferentes

GLOSSÁRIO GRAMATICAL

3. Disjuntivas

Indicam alternativa.

Conjunções	
Português	Espanhol
ou	o / u

Atenção!
A conjunção *ou* só tem uma forma em português.

Português	Espanhol
Vais a Madrid em julho **ou** em outubro? Vais **ou** ficas?	Te vas a Madrid en janero **u** octubre? Te vas **o** te quedas?

Locuções	
Português	Espanhol
ora... ora ou... ou nem… nem	ora... ora o... o... ni… ni...

Exemplos:
Ora chove **ora** faz sol.
Ou ficamos em casa **ou** saímos. Decide-te, por favor.
Nem fomos ao cinema **nem** ao teatro.

4. Conclusivas

Conjunções / Locuções	
Português	Espanhol
pois portanto por conseguinte por isso pelo que	pués por lo tanto por consiguiente por eso por lo que

Exemplo:
Está a chover imenso, **pelo que** cancelámos o treino.

Próximos, mas Diferentes

GLOSSÁRIO GRAMATICAL

SUBORDINATIVAS

A. Formas

Os usos coincidem nas duas línguas.

1. Causais

Conjunções	
Português	**Espanhol**
como	como
porque	porque
pois	pués
que	que

Locuções	
Português	**Espanhol**
dado que	dado que
já que	ya que
por causa de	a causa de
posto que	puesto que
visto que	visto que
uma vez que	una vez que

Exemplos:
Cancelámos a viagem **dado que** a Ana ficou doente.
Já que estamos aqui, que tal irmos beber um copo?

2. Concessivas

Português	**Espanhol**
ainda que / embora / mesmo que	aunque
apesar de	a pesar de
por mais que	por más que
por muito que	por mucho que
nem que	ni que
sem que	sin que

Exemplos:
Ainda que não o conheça bem, parece-me que não está satisfeito com a empresa.
Apesar de preferirmos peixe, comemos carne.
Por muito que me custe, vou pedir a demissão.

Atenção!
As locuções *ainda que / embora / mesmo que* (esp. aunque) são sempre usadas com o conjuntivo.

Português	**Espanhol**
Embora **esteja a chover**, vou à praia.	Aunque **llueva**, iré a la playa.

Próximos, mas Diferentes

GLOSSÁRIO GRAMATICAL

3. Condicionais

Conjunções	
Português	**Espanhol**
caso	en caso de que
se	si

Locuções	
Português	**Espanhol**
a não ser que	a no ser que
a menos que	a menos que
desde que / na condição de (que)	a condición de (que)
exceto se	excepto si
no caso de	en caso de
salvo se	salvo si

Exemplos:
Volto contigo de carro **desde que** me prometas que não vais beber.
A não ser que alguém tenha uma ideia melhor, podíamos ir ao Porto amanhã.
Este fim de semana, estou livre **exceto se** houver algum imprevisto.

4. Finais

Conjunções	
Português	**Espanhol**
a fim de que	a fin de que
para que	para que

Exemplos:
Trabalham bastante **para que** os filhos possam estudar em Londres.
Avançámos com o projeto **a fim de** termos tudo pronto antes de abril.

5. Temporais

Conjunções / Locuções	
Português	**Espanhol**
antes de / antes que	antes de / antes que
assim que / logo que	**en cuanto** / tan pronto como
até que	hasta que
cada vez que	cada vez que
desde que	desde que
depois que	después de que
enquanto	**mientras**
quando	cuando
sempre que	siempre que
todas as vezes que	todas las veces que

Próximos, mas Diferentes

GLOSSÁRIO GRAMATICAL

enquanto / mientras

Português	Espanhol
enquanto	mientras
Enquanto eu trabalhava, o Pedro lavou a louça. (ação no passado)	**Mientras** yo trabajaba, Pedro fregó los platos.
Enquanto tiveres febre, não saias da cama. (ação no futuro)	**Mientras** te dure la fiebre, no te muevas de la cama.

assim que / en cuanto

Português	Espanhol
assim que	en cuanto
Telefona-me **assim que** chegares. **Assim que** o vi, esclareci tudo.	Llámame **en cuanto** llegues. **En cuanto** lo vi aclaré todo.

Próximos, mas Diferentes

GLOSSÁRIO GRAMATICAL

VERBOS

CONDICIONAL

CONDICIONAL PRESENTE

A. Formas

1. Verbos regulares

	FALAR	COMER	ABRIR
eu	falaria	comeria	abriria
tu	falarias	comerias	abririas
você / ele / ela	falaria	comeria	abriria
nós	falaríamos	comeríamos	abriríamos
vocês / eles / elas	falariam	comeriam	abririam

2. Verbos irregulares

	DIZER	FAZER	TRAZER
eu	diria	faria	traria
tu	dirias	farias	trarias
você / ele / ela	diria	faria	traria
nós	diríamos	faríamos	traríamos
vocês / eles / elas	diriam	fariam	trariam

B. Usos

O condicional indica:

1. Cortesia

Exemplo:
Poderia dar-me uma informação?

2. Conselhos

Exemplo:
Deverias tirar uns dias de férias.

3. Desejos

Exemplo:
Gostaria de conhecer Lisboa.

Próximos, mas Diferentes

GLOSSÁRIO GRAMATICAL

4. (Im)possibilidade ou (im)probabilidade

Exemplo:
Nós *iríamos* convosco, mas já temos um compromisso.

Nos exemplos anteriores, o **condicional** costuma ser substituído pelo *pretérito imperfeito*.

5. Dúvida

Exemplo:
O que *estaria* ele a fazer à porta do cinema àquela hora?

6. Relatar discurso quando o verbo está no *futuro imperfeito*

Exemplo:
"*Irei* ao Japão em maio." Ele disse que *iria* ao Japão em maio.

7. Para referir uma ação posterior ao tempo sobre o qual se fala

Exemplo:
Ele demitiu-se em abril e, em agosto, *emigraria* para o Brasil.

8. Para formular uma hipótese irreal. Neste caso, é combinado com o *imperfeito do conjuntivo*

Exemplo:
Se tivesse tempo, *faria* o trabalho.

CONDICIONAL PRETÉRITO

A. Formas

1. Verbos regulares

eu	teria	
tu	terias	
você / ele / ela	teria	falado / comido / partido / feito / dito
nós	teríamos	
vocês / eles / elas	teriam	

B. Usos

1. Expressa uma ação que não se realizou e que estava dependente de uma condição que se mantém no presente (1) ou que não se realizou no passado (2):

Exemplos:
(1) Se eu não gostasse tanto de Portugal, não **teria regressado** da Alemanha.
(2) Se eu tivesse chegado mais cedo, **teria falado** com o Pedro.

Para outros usos do **condicional pretérito**, ver o nível B2.

Próximos, mas Diferentes

GLOSSÁRIO GRAMATICAL

INDICATIVO

FUTURO IMPERFEITO

A. Formas

1. Verbos regulares

	FALAR	COMER	ABRIR
eu	falarei	comerei	abrirei
tu	falarás	comerás	abrirás
você / ele / ela	falará	comerá	abrirá
nós	falaremos	comeremos	abriremos
vocês / eles / elas	falarão	comerão	abrirão

2. Verbos irregulares

	DIZER	FAZER	TRAZER
eu	direi	farei	trarei
tu	dirás	farás	trarás
você / ele / ela	dirá	fará	trará
nós	diremos	faremos	traremos
vocês / eles / elas	dirão	farão	trarão

B. Usos

Usa-se o futuro imperfeito para:

1. Falar do futuro

Exemplos:
Faremos uma longa viagem no próximo ano.
Resolveremos o problema assim que possível.

O **futuro imperfeito** do Indicativo é, frequentemente, substituído pela estrutura *ir + infinitivo* na comunicação do dia a dia.

Exemplo:
Vou passar pelo Banco.

2. Expressar dúvida

Exemplo:
Onde foi o Luís? *Estará* zangado comigo?

Será que + indicativo
Para expressar dúvida sobre o passado, o presente ou o futuro, é comum utilizar a estrutura *será que* + **verbo no indicativo**.

Exemplos:
Será que a Carla está em casa?
Será que eles encontraram o restaurante?

Próximos, mas Diferentes

GLOSSÁRIO GRAMATICAL

PRETÉRITO MAIS-QUE-PERFEITO COMPOSTO

A. Formas

1. Verbos regulares

eu	tinha	
tu	tinhas	
você / ele / ela	tinha	falado / comido / partido / feito / dito
nós	tínhamos	
vocês / eles / elas	tinham	

B. Usos

Relaciona duas ações no passado, sendo que uma é anterior à outra.

Exemplo:
Quando chegámos ao aeroporto, o avião já **tinha partido**.

INFINITIVO

INFINITIVO PESSOAL

A. Formas

	Infinitivo Pessoal
eu	estudar
tu	estudares
você / ele / ela	estudar
nós	estudarmos
vocês / eles / elas	estudarem

B. Usos

O infinitivo pessoal usa-se:

1. Depois de preposições (*ao, até, de, em, para, por, sem...*)

Exemplos:
Ao **entrarmos** na escola, vimos o professor.
Sem **saberes** os verbos, não vais passar no teste.
Comprei-vos este dicionário *para* **poderem** estudar melhor.

2. Expressões impessoais (*convém;* verbo *ser* + adjetivo / nome)

Exemplos:
Convém **estudarem** a gramática.
É melhor **fazermos** uma pausa.
É possível **inscreveres-te** uma semana mais tarde.
É pena não **poderes** ir à festa.

3. Locuções prepositivas (*antes de, depois de, no caso de, apesar de, por causa de*)

Exemplos:
Antes de **responderem**, leiam bem as perguntas.
Depois de **acabarem** o teste, podem sair.
No caso de **terem** dúvidas, perguntem.

Próximos, mas Diferentes

GLOSSÁRIO GRAMATICAL

4. Combinações de palavras seguidas de preposição (*na condição de, o facto de, de modo a, a ideia de...*)

Exemplos:
Empresto-te o meu caderno *na condição de* mo **devolveres** até sexta-feira.
O facto de **sermos** muitos alunos na turma dificulta a aprendizagem.

5. Quando se pretende dar a conhecer o sujeito

Exemplo:
Acho bem **pensares** no teu futuro.

6. Quando o sujeito é indeterminado (3ª pessoa do plural)

Exemplo:
É comum **fecharem** a rua ao trânsito nesta época.

INFINITIVO PESSOAL vs PRESENTE DO CONJUNTIVO:

Em alguns casos, é possível substituir o **infinitivo pessoal** pelo **presente do conjuntivo**:

	Infinitivo Pessoal	Presente do Conjuntivo
Expressões impessoais	ser + adjetivo + verbo	ser + adjetivo + *que* + verbo

Exemplos:

Infinitivo Pessoal	Presente do Conjuntivo
É conveniente **fazerem** o exercício.	É conveniente **que façam** o exercício.
É bom **estudarem** a gramática.	É bom **que estudem** a gramática.

Com expressões impessoais cujo adjetivo exprime possibilidade, probabilidade ou eventualidade é mais frequente o uso do conjuntivo.

Exemplo: É *provável que* eles **assistam** às aulas esta semana.

Conjunções, locuções e preposições

	Infinitivo Pessoal	Presente do Conjuntivo
Condicionais	no caso de sem	caso sem que
Concessivas	apesar de	embora ainda que se bem que
Finais	para a fim de	para que a fim de que
Temporais	antes de até	antes que até que

Exemplos:

Presente do Conjuntivo	Infinitivo Pessoal
Embora seja tarde, vou ao clube.	**Apesar de ser** tarde, vou ao clube.
Caso te **lembres**, compra a revista.	**No caso de** te **lembrares**, compra a revista.
Vou contar-lhe tudo **antes que** ele **comece** a falar.	Vou contar-lhe tudo **antes de** ele **começar** a falar.

Próximos, mas Diferentes

GLOSSÁRIO GRAMATICAL

Infinitivo Impessoal

Usa-se o infinitivo impessoal:

1. Quando tem valor de imperativo

Exemplos:
Não *fumar*.
Lavar à mão.

2. Nas estruturas formadas por verbos auxiliares de tempo, aspeto e modo

Exemplos:
Vamos *estudar* juntos.
Está a *chover*.
Podíamos *dar* um passeio.
Acabámos de *falar* com o Paulo.

3. Com *convém, é preciso, é possível*, sempre que o infinitivo funciona como sujeito

Exemplos:
Convém *rever* a matéria todos os dias.
É impossível *trabalhar* desta maneira.

4. Frases com sentido genérico

Exemplos:
Fumar prejudica a saúde.

5. Depois dos verbos *deixar, fazer, ouvir, sentir* e *ver*

Exemplos:
Eles *deixam* os filhos *sair* até de madrugada.
A minha avó *viu*-me *crescer*.

6. Com adjetivos como *fácil, bom* e a preposição *de*

Exemplos:
Este bolo é *difícil* de *fazer*.
Leva este livro. É *fácil* de *ler*.

Presente do Conjuntivo vs Imperfeito do Conjuntivo

A. Formas

Presente do Conjuntivo

1. Verbos regulares

	FALAR	COMER	ABRIR
eu	fale	coma	abra
tu	fales	comas	abras
você / ele / ela	fale	coma	abra
nós	falemos	comamos	abramos
vocês / eles / elas	falem	comam	abram

Próximos, mas Diferentes

GLOSSÁRIO GRAMATICAL

2. Verbos irregulares

	eu	tu	você / ele / ela	nós	vocês / eles / elas
DAR	dê	dês	dê	demos	deem
SER	seja	sejas	seja	sejamos	sejam
ESTAR	esteja	estejas	esteja	estejamos	estejam
IR	vá	vás	vá	vamos	vão
FAZER	faça	faças	faça	façamos	façam
QUERER	queira	queiras	queira	queiramos	queiram
PÔR	ponha	ponhas	ponha	ponhamos	ponham
DIZER	diga	digas	diga	digamos	digam
TRAZER	traga	tragas	traga	tragamos	tragam
VER	veja	vejas	veja	vejamos	vejam
VIR	venha	venhas	venha	venhamos	venham
SABER	saiba	saibas	saiba	saibamos	saibam
HAVER			haja		

IMPERFEITO DO CONJUNTIVO

1. Verbos regulares

	FALAR	**COMER**	**ABRIR**
eu	falasse	comesse	abrisse
tu	falasses	comesses	abrisses
você / ele / ela	falasse	comesse	abrisse
nós	falássemos	comêssemos	abríssemos
vocês / eles / elas	falassem	comessem	abrissem

2. Verbos irregulares

	eu	tu	você / ele / ela	nós	vocês / eles / elas
DAR	desse	desses	desse	déssemos	dessem
SER = IR	fosse	fosses	fosse	fôssemos	fossem
FAZER	fizesse	fizesses	fizesse	fizéssemos	fizessem
QUERER	quisesse	quisesses	quisesse	quiséssemos	quisessem
PÔR	pusesse	pusesses	pusesse	puséssemos	pusessem
DIZER	dissesse	dissesses	dissesse	disséssemos	dissessem
TRAZER	trouxesse	trouxesses	trouxesse	trouxéssemos	trouxessem
VER	visse	visses	visse	víssemos	vissem
VIR	viesse	viesses	viesse	viéssemos	viessem
SABER	soubesse	soubesses	soubesse	soubéssemos	soubessem
HAVER			houvesse		

Próximos, mas Diferentes

GLOSSÁRIO GRAMATICAL

B. Usos

PRESENTE DO CONJUNTIVO vs IMPERFEITO DO CONJUNTIVO

Quando o verbo da oração subordinante está no presente, usa-se o presente do conjuntivo. Se está no passado (pretérito imperfeito ou pretérito perfeito simples), usa-se o imperfeito do conjuntivo.

1. Verbos que expressam desejo, dúvida, ordem, sentimento e vontade

Presente do Conjuntivo	Imperfeito do Conjuntivo
Ele **quer que** *venhas* cedo.	Ele **queria que** *viesses* cedo.
Eles **preferem que** nós *vamos* lá amanhã.	Eles **preferiam que** nós *fôssemos* lá amanhã.

2. Verbos de opinião e expressões de certeza e evidência na negativa

Presente do Conjuntivo	Imperfeito do Conjuntivo
Não **penso** que ele se *demita*.	Não **pensei** que ele se *demitisse*.
Não **é** evidente que ele *goste* de viver cá.	Não **era** evidente que ele *gostasse* de viver cá.

3. Expressões impessoais (*ser* + adjetivo / nome + *que*)

Presente do Conjuntivo	Imperfeito do Conjuntivo
É possível que ele *desista* do curso.	**Era possível que** ele *desistisse* do curso.
É bom que te *prepares* para o exame.	**Era bom que** te *preparasses* para o exame.
É pena que ele não *esteja* em Lisboa.	**Foi pena que** ele não *estivesse* em Lisboa.

4. Conjunções e locuções

Condicionais	
Participamos no projeto **desde que** *tenhamos* o vosso apoio.	Participávamos no projeto **desde que** *tivéssemos* o vosso apoio.

Concessivas	
Embora *goste* de Chopin, não vou aos recitais.	**Embora** *gostasse* de Chopin, não ia aos recitais.
Por pouco que *coma*, engordo.	**Por pouco que** *comesse*, engordava.

Finais	
Trabalho muito **a fim de que** o meu filho *possa* acabar o curso.	Trabalhei muito **a fim de que** o meu filho *pudesse* acabar o curso.

Temporais	
Vou sair **antes que** *comece* a chover.	Saí **antes que** *começasse* a chover.

Próximos, mas Diferentes

GLOSSÁRIO GRAMATICAL

Em português, **por mais que / por menos que** e expressões similares são sempre seguidas do verbo no conjuntivo.

Português	Espanhol
Por mais que *tente*, ela não consegue aprender.	**Por más que** *intente*, ella no consigue aprender. (informação nova)
	Por más que *intenta*, ella no consigue aprender. (informação conhecida)
Embora *goste* de estar com os meus amigos, esta noite fico sozinha.	**Aunque** me *gusta* estar con mis amigos, esta noche me quedo sola.

5. Frases exclamativas de desejo

Presente do Conjuntivo	Imperfeito do Conjuntivo
Oxalá não **chova**. (desejo realizável)	*Oxalá* não **chovesse**. (desejo improvável)

Outras expressões de desejo:
quem me dera que / tomara que / Deus queira que

6. Orações relativas

Quando nos referimos a um antecedente que negamos ou desconhecemos, usamos o conjuntivo.

Presente do Conjuntivo	Imperfeito do Conjuntivo
Ele quer trabalhar com <u>**alguém**</u> que *tenha* experiência.	Ele queria trabalhar com <u>**alguém**</u> que *tivesse* experiência.
Eu não conheço <u>**ninguém**</u> que *fale* russo.	Eu não conhecia <u>**ninguém**</u> que *falasse* russo.

Quando o antecedente é conhecido, usamos o verbo no indicativo:
Ele *quer* trabalhar com **alguém** que *tem* experiência.

7. *Haver quem* + conjuntivo

Em português, **haver quem** é sempre seguido de conjuntivo.

Presente do Conjuntivo	Imperfeito do Conjuntivo
Há quem não *saiba* o alfabeto.	**Havia quem** não *soubesse* o alfabeto.

8. Expressões como *quem quer que / onde quer que / quando quer que*

Presente do Conjuntivo	Imperfeito do Conjuntivo
Onde quer que *vá*, **encontro** alguém conhecido.	**Onde quer que** *fosse*, **encontrava** alguém conhecido.

9. Expressar dúvida com *talvez*

Presente do Conjuntivo	Imperfeito do Conjuntivo
Ela não vai connosco. **Talvez** *esteja* doente.	Ele não foi connosco. **Talvez** *estivesse* doente.

Próximos, mas Diferentes

GLOSSÁRIO GRAMATICAL

Usos exclusivos do pretérito imperfeito do conjuntivo:

1. Fazer sugestões

Exemplo:
E se *fôssemos* à praia?

2. Comparações irreais

Exemplo:
Ele fala *como se fosse* um especialista.

3. Orações condicionais

Para expressar uma condição irreal, hipotética ou pouco provável.

Português	Espanhol
Se **tivesse** dinheiro, *compraria* um carro.	Si **tuviera/tuviese** dinero, me *compraría* un coche.

Futuro do Conjuntivo

A. Formas

1. Verbos regulares

Os verbos regulares no **futuro do conjuntivo** têm a mesma forma do que o infinitivo pessoal.

	FALAR
eu	falar
tu	fala**res**
você / ele / ela	falar
nós	falar**mos**
vocês / eles / elas	falar**em**

2. Verbos irregulares

	eu	tu	você ele / ela	nós	vocês eles / elas
DAR	der	deres	der	dermos	derem
SER = IR	for	fores	for	formos	forem
FAZER	fizer	fizeres	fizer	fizermos	fizerem
QUERER	quiser	quiseres	quiser	quisermos	quiserem
PÔR	puser	puseres	puser	pusermos	puserem
DIZER	disser	disseres	disser	dissermos	disserem
TRAZER	trouxer	trouxeres	trouxer	trouxermos	trouxerem
VER	vir	vires	vir	virmos	virem
VIR	vier	vieres	vier	viermos	vierem
SABER	souber	souberes	souber	soubermos	souberem
HAVER			houver		

Próximos, mas Diferentes

GLOSSÁRIO GRAMATICAL

B. Usos

O futuro do conjuntivo usa-se para:

1. Para expressar o futuro com algumas conjunções e locuções (*quando, sempre que, todas as vezes que, logo que, assim que, exceto se, salvo se*)

Exemplos:
Enquanto **estiver** doente, não vou trabalhar.
Telefona-me *sempre que* **vieres** a Portugal.
Quando **forem** 16h00, vou lanchar.
Assim que **tiver** novidades, telefono-te.

Logo que / assim que também podem ser utilizadas com o presente do conjuntivo quando se transmite a noção de um futuro próximo.

Exemplo:
Logo que **possa**, vou ao Banco.

Atenção!

Português	Espanhol
Quando **terminar**, vou para casa.	*Cuando* **termine**, voy a casa.
Sempre que **quiseres** falar comigo, telefona-me.	*Siempre que* **quieras** hablar conmigo, llámame.

2. Em orações relativas

A) Sem antecedente expresso

- *Quem* + futuro do conjuntivo:
    Quem *vier* depois das 13h00, não arranja mesa com facilidade.
    (= *Aqueles que* **vierem** depois das 13h00, não arranjam mesa com facilidade.)

- **Presente do Indicativo** + *onde* + futuro do conjuntivo:
    Fico **onde** vocês ***quiserem***.

- **Imperativo** + *o que* + futuro do conjuntivo:
    Faça **o que** o médico ***disser***.

B) Com antecedente expresso

- **Demonstrativo** + *que* + futuro do conjuntivo:
    Aqueles **que** ***preferirem*** ter aulas de manhã, devem dirigir-se à receção.

- **Preposição** + *qualquer lugar que* + futuro do conjuntivo:
    Vou a **qualquer lugar que** vocês ***indicarem***.

- **Nome** + *que* + futuro do conjuntivo:
    Janto no *restaurante* **que** tu ***escolheres***.

Atenção!

Português	Espanhol
Os que **quiserem** saber mais informações, podem consultar o meu blogue.	*Los que* **quieran** saber más informaciones, pueden consultar mi blog.

Próximos, mas Diferentes — GLOSSÁRIO GRAMATICAL

3. Para formular condicionais possíveis

Exemplo:
Se **formos** a Lagos, queremos visitar a Sandra.

PRESENTE DO CONJUNTIVO + FUTURO DO CONJUNTIVO EM ORAÇÕES CONCESSIVAS

Usa-se o **presente do conjuntivo** + **elemento de ligação** + **futuro do conjuntivo**, repetindo o verbo, para expressar uma concessão total.

Exemplos:
Haja o que **houver**, podes contar comigo. (Podes contar comigo em qualquer situação).
Seja quem **for**, não vou abrir a porta. (Eu não abro a porta a ninguém.)

Atenção!

Português	Espanhol
Diga o que **disser**, eu não quero falar com ela.	**Diga** lo que **diga**, yo no quiero hablar con ella.

PRETÉRITO MAIS-QUE-PERFEITO COMPOSTO DO CONJUNTIVO

A. Formas

1. Verbos regulares

eu	tivesse	
tu	tivesses	
você / ele / ela	tivesse	feito / dito / ido / comprado / vindo
nós	tivéssemos	
vocês / eles / elas	tivessem	

B. Usos

1. Usa-se para relacionar duas ações no passado

Exemplos:
Gostei que **tivesses vindo**.

2. Em frases exclamativas para expressar um desejo inverso a algo que aconteceu

A: Fui à entrevista, mas não consegui o emprego.
B: **Quem me dera que** tu **tivesses conseguido**!

3. Oração condicional

Exemplo:
Se te **tivesses levantado** cedo, terias ido connosco.

Para outros usos deste tempo ver o nível B2.

Próximos, mas Diferentes

GLOSSÁRIO GRAMATICAL

Orações condicionais com *se*

A. Condicionais reais

Usam-se para expressar possibilidade no presente.

> *se* + **presente do indicativo** + presente do indicativo / imperativo

Exemplos:
Se **tens** frio, **vestes** o casaco.
Se **vais** ao bar, **traz**-me um café, por favor.
Se **queres** ver o filme, **reserva** os bilhetes.

B. Condicionais irreais

Podem ser de dois tipos:

1. Referem-se a algo impossível ou de difícil concretização no presente ou no futuro

> *se* + **imperfeito do conjuntivo** + imperfeito do indicativo / condicional presente

Exemplos:
Se **tivesse** coragem, **fazia** / **faria** a viagem sozinha.
Se **falasse** bem alemão, **conseguia** / **conseguiria** um emprego em Berlim.

2. Referem-se a impossibilidade no passado, sendo que a condição da qual dependiam ainda se mantém no presente

> *se* + **imperfeito do conjuntivo** + pretérito mais-que-perfeito composto do indicativo / condicional pretérito

Exemplo:
Se o CD não **fosse** tão caro, **tinha-o comprado**.
(Não comprei o CD porque é caro.)
Se o CD não **fosse** tão caro, **tê-lo-ia comprado**.

C. Condicionais impossíveis

Podem ser de dois tipos:

1. Referem-se a impossibilidade no passado

> *se* + **pretérito mais-que-perfeito composto do conjuntivo** + pretérito mais-que-perfeito composto do indicativo / condicional pretérito

Exemplos:
Se **tivesse chegado** mais cedo, **tinha visto** / **teria visto** o início do filme.
Se **tivesse estudado**, **tinha passado** / **teria passado** no teste.

Próximos, mas Diferentes

GLOSSÁRIO GRAMATICAL

2. Referem-se a algo que não ocorreu no passado e que tem efeito no presente

> *se* + **pretérito mais-que-perfeito composto do conjuntivo** + condicional simples / pretérito imperfeito do indicativo

Exemplos:
Se me **tivesses avisado**, agora **teria / tinha** um bilhete para ti.
Se **tivesses lido** o jornal, **saberias / sabias** que havia greve hoje.

D. Condicionais possíveis

Usam-se para expressar possibilidade no futuro.

> *se* + **futuro do conjuntivo** + presente / futuro imperfeito / imperativo

Exemplos:
Se não te **apetecer**, **cancelo** o jantar.

Português	Espanhol
Se não **colaborarem**, teremos problemas.	Si no **colaboran**, tendremos problemas.
Se não **fizeres** alguma coisa, a situação vai piorar.	Si no **haces** algo, la situación empeorará.
Se a Rita **for** ao cinema, vou com ela.	Si Rita **va** al cine, voy con ella.
Se **tiveres** tempo, estuda.	Si **tienes** tiempo, estudia.

Próximos, mas Diferentes

GLOSSÁRIO GRAMATICAL

QUADROS SÍNTESE

Conjunções, preposições e locuções + Modos verbais

Causais

FORMAS	MODOS	EXEMPLOS
como já que porque que visto que / uma vez que	Indicativo	*Como* **saí** tarde, não **pude** ir ao ginásio. Vem comigo *que* eu não **conheço** o caminho.
devido a por por causa de	Infinitivo Pessoal	Ela ficou em casa *devido a* **estar** com febre. Eles cansam-se muito *por* não **fazerem** exercício.

Condicionais

FORMAS	MODOS	EXEMPLOS
caso a não ser que a menos que desde que	Conjuntivo: presente / imperfeito	*Caso* **decidam** ir ao concerto, avisem-me. Saio com vocês *desde que* não **cheguemos** tarde.
no caso de	Infinitivo Pessoal	*No caso de* **vires** a Lisboa, levo-te ao Bairro Alto.
exceto se salvo se	Conjuntivo: futuro	Encontro-me contigo logo à tarde *exceto se* **houver** algum imprevisto.
se	Indicativo (factos): presente Conjuntivo: imperfeito / futuro / pretérito mais-que-perfeito composto	*Se* **gostas** de fado, compra este CD. *Se* **pudesse**, tirava férias em maio. *Se* **puder**, vou tirar férias em maio. *Se* **tivesse podido**, tinha tirado férias em maio.

Concessivas

FORMAS	MODOS	EXEMPLOS
ainda que embora se bem que por muito / pouco que por + adj. / adv. + que	Conjuntivo: presente / imperfeito	*Ainda que* **conhecesse** bem Portugal, nunca tinha ido ao Porto. *Por muito que* **insistas**, não vou contigo ao museu. *Por mais anos que* **passem**, nunca te esquecerei.
apesar de	Infinitivo Pessoal	*Apesar de* o **achar** simpático, não confio nele.

Próximos, mas Diferentes

GLOSSÁRIO GRAMATICAL

Finais

FORMAS	MODOS	EXEMPLOS
a fim de que para que	Conjuntivo: presente / imperfeito	O professor explica tudo *a fim de que* **tenhamos** uma boa nota. Falei devagar *para que* todos me **compreendessem**.
a fim de para por	Infinitivo Pessoal	Inscrevemo-nos no curso *a fim de* **melhorarmos** a pronúncia.

Temporais

FORMAS	MODOS	EXEMPLOS
antes de / depois de antes que	Infinitivo Pessoal Conjuntivo: presente / imperfeito	*Antes de* **saíres**, fecha tudo. Prepara tudo *antes que* eles **cheguem**. Saí *antes que* **começasse** a chover.
ao	Infinitivo Pessoal	*Ao* **chegar** a casa, vi a janela aberta.
até até que	Infinitivo Pessoal Conjuntivo: presente / imperfeito	Não saio *até* ele **chegar**. *Até que* eles **cheguem**, ainda vai demorar. *Até que* ela **estacionasse** o carro, foram precisas várias manobras.
desde que	Indicativo	*Desde que* as aulas **começaram**, tenho estudado bastante.
enquanto quando	Indicativo (factos) Conjuntivo: imperfeito / futuro	*Quando* **chego** a casa, ligo o rádio. *Enquanto* **estudo**, ouço música. *Enquanto* o Rui não **telefonasse**, eu não podia enviar o *email*. *Quando* **vires** o filme, vais gostar.
logo que assim que	Indicativo (factos) Conjuntivo: presente / imperfeito / futuro	*Logo que* **chego** a Lisboa, bebo um café. *Assim que* me **via**, ficava contente. *Logo que* o **veja**, falo com ele. *Assim que* **acabasse** o relatório, ia almoçar. *Assim que* **chegar** a casa, telefono-vos.

Próximos, mas Diferentes

GLOSSÁRIO GRAMATICAL

Gerúndio Simples

A. Formas

-AR	-ER	-IR
and**ando**	com**endo**	part**indo**

B. Usos

O gerúndio pode indicar:

1. Modo

Exemplo:
Ele saiu de casa *sorrindo*.

2. Tempo

Exemplo:
Chegando à escola, vou consultar o meu *e-mail*.
(= Quando chegar à escola… / Ao chegar à escola…)

3. Condição

Exemplo:
Estando doente, fica em casa.
(= Se estiveres doente, fica em casa.)

4. Causa

Exemplo:
Sabendo que gostavas de doces, comprei um bolo de chocolate.
(= Como sabia que gostavas de doces, comprei um bolo de chocolate.)

5. Concessão

Exemplo:
Mesmo *tendo* vontade de sair, vou ficar em casa a estudar.
(= Embora tenha vontade de sair, vou ficar em casa a estudar.)

6. O gerúndio também pode substituir uma oração coordenada que começa pela conjunção e.

Exemplo:
Ele andava em casa, *cantando* alegremente.
(= Ele andava em casa **e** cantava alegremente).

Próximos, mas Diferentes

GLOSSÁRIO GRAMATICAL

DISCURSO DIRETO E INDIRETO

A. Modos e tempos verbais

Discurso Direto	Discurso Indireto
Presente do indicativo	**Imperfeito do indicativo**
Quero comprar um carro.	Ela disse que **queria** comprar um carro.
Pretérito perfeito simples	**Pretérito mais-que-perfeito composto**
Vi o filme.	Ele contou que **tinha visto** o filme.
Futuro imperfeito	**Condicional presente**
Faremos tudo de novo.	Ele disse que **fariam** tudo de novo.
Presente do conjuntivo	**Imperfeito do conjuntivo**
Talvez **vá** ao cinema.	Ele sugeriu que talvez **fosse** ao cinema.
Imperfeito do conjuntivo	**Imperfeito do conjuntivo**
Falas como se me **conhecesses** bem.	Ele disse que ela falava como se o **conhecesse** bem.
Futuro do conjuntivo	**Imperfeito do conjuntivo**
Quando **chegarmos**, telefonamos.	Eles disseram que quando **chegassem**, telefonavam.
Imperativo	**Imperfeito do conjuntivo**
Despachem-se!	A mãe pediu-nos que nos **despachássemos**.

B. Pronomes pessoais e possessivos

A escolha do pronome depende de quem relata o discurso.

Discurso Direto	Discurso Indireto
1ª / 2ª pessoas	3ª / 1ª pessoas
Estivemos com o **meu** irmão.	Ele disse que tinham estado com o irmão **dele**.
Vocês foram à praia no sábado?	Ela perguntou-me se **nós** tínhamos ido à praia no sábado.

Próximos, mas Diferentes

GLOSSÁRIO GRAMATICAL

C. Demonstrativos

Discurso Direto	Discurso Indireto
este(s) / esta(s) / esse(s) / essa(s) / isto / isso	aquele(s) / aquela(s) / aquilo
De quem é **isto**?	Ele perguntou de quem era **aquilo**.

D. Advérbios e expressões de tempo

Discurso Direto	Discurso Indireto
ontem	ontem / anteontem / há dois dias no dia anterior / na véspera
amanhã	amanhã / depois de amanhã no dia seguinte / um dia depois
agora / neste momento	naquele momento

E. Advérbios de lugar

Discurso Direto	Discurso Indireto
aqui / cá	ali / lá
Cá em Lisboa estão 28 °C.	Ela disse que **lá** em Lisboa estavam 28 °C.

N.B.: Por vezes, é necessário substituir os verbos *ir* e *trazer* por *vir* e *levar*.

Discurso Direto	Discurso Indireto
Ana (na empresa): "Mãe, **vou** agora para casa."	Colega da Ana (na empresa): A Ana disse que **ia** agora para casa. Mãe da Luísa (em casa): A Ana telefonou e disse que **vinha** agora para casa.
Rui e Vera (na empresa): Rui: **Trazes** os aperitivos amanhã? Vera: Claro, e também **trago** o champanhe.	Rui (na empresa): A Vera garantiu-me que **trazia** os aperitivos e o champanhe. Vera (em casa): Falei hoje com o Rui e disse-lhe que **levava** os aperitivos e o champanhe.

Próximos, mas Diferentes

GLOSSÁRIO GRAMATICAL

VOZ ATIVA / VOZ PASSIVA

A. Formas

VOZ ATIVA	VOZ PASSIVA
Presente (*estar* + *a* + infinitivo)	
A rádio **está a transmitir** o concerto.	O concerto **está a ser transmitido** pela rádio.
Presente do Indicativo	
Editamos 40 livros por ano.	40 livros **são editados** por ano.
Pretérito Perfeito Simples	
Vendemos o apartamento.	O apartamento **foi vendido**.
Pretérito Imperfeito do Indicativo	
Fazíamos duas reuniões por mês.	**Eram feitas** duas reuniões por mês.
Pretérito Mais-que-Perfeito Composto do Indicativo	
O Rui já **tinha analisado** a proposta.	A proposta já **tinha sido analisada** pelo Rui.
Pretérito Perfeito Composto do Indicativo	
Eles **têm entrevistado** pessoas de todo o país.	Pessoas de todo o país **têm sido entrevistadas** por eles.
Futuro (*ir* + infinitivo)	
A professora **vai rever** o texto.	O texto **vai ser revisto** pela professora.
Futuro Imperfeito do Indicativo	
Eles **trarão** alternativas.	Alternativas **serão trazidas** por eles.
Presente do Conjuntivo	
A minha equipa talvez **aceite** o projeto.	O projeto talvez **seja aceite** pela minha equipa.
Imperfeito do Conjuntivo	
Era melhor que eles **enviassem** o relatório de Londres.	Era melhor que o relatório **fosse enviado** de Londres.
Futuro do Conjuntivo	
Se **adiarmos** a reunião, teremos mais tempo para verificar o contrato.	Se a reunião **for adiada**, teremos mais tempo para verificar o contrato.

Próximos, mas Diferentes

GLOSSÁRIO GRAMATICAL

Particípios Passados Duplos

INFINITIVO	PARTICÍPIO REGULAR (TER)	PARTICÍPIO IRREGULAR (SER / ESTAR)
aceitar	aceitado	aceite
acender	acendido	aceso
descalçar	descalçado	descalço
eleger	elegido	eleito
emergir	emergido	emerso
entregar	entregado	entregue
enxugar	enxugado	enxuto
envolver	envolvido	envolto
exprimir	exprimido	expresso
expulsar	expulsado	expulso
imprimir	imprimido	impresso
incluir	incluído	incluso
matar	matado	morto
morrer	morrido	morto
murchar	murchado	murcho
omitir	omitido	omisso
prender	prendido	preso
romper	rompido	roto
secar	secado	seco
salvar	salvado	salvo
soltar	soltado	solto
suspender	suspendido	suspenso

Próximos, mas Diferentes

GLOSSÁRIO GRAMATICAL

B. Usos

1. O particípio irregular é usado com os verbos *ser* e *estar*. Concorda com o sujeito em género e em número.

Exemplos:
Acendi a luz.
A luz *foi* **acesa** por mim.
A luz *está* **acesa**.

Quando o particípio acaba em -e só concorda com o sujeito em número.

Exemplos:
A carta *foi* **entregue** por mim.
O relatório *está* **entregue**.
Os documentos *foram* **entregues** a tempo.

Atenção!

Português	Espanhol
Este livro será editado em 2012.	Este libro **lo** editaran en 2012.

2. Omissão do complemento agente

Quando o sujeito é indeterminado ou irrelevante utiliza-se o verbo na 3ª pessoa do plural:

Os salários **serão** *aumentados* em breve.

3. Partícula apassivante *se*

> Verbo transitivo + *se*:
>
> **Aluga-se** equipamento desportivo.
> (complemento no singular, verbo no singular)
>
> **Veem-se** muitos jogos de futebol em Portugal.
> (complemento no plural, verbo no plural)

4. Resultado de uma ação

Tal como em espanhol, quando o resultado é mais relevante do que a ação, utiliza-se **estar** + **particípio passado**.

Exemplos:
Entregámos o relatório.
O relatório *foi* **entregue**.
O relatório *está* **entregue**.

Próximos, mas Diferentes

GLOSSÁRIO GRAMATICAL

Formação de Palavras

Palavras compostas por justaposição

• dois adjetivos	surdo-mudo
• nome + adjetivo	obra-prima
• dois nomes	abelha-mestra
• dois nomes ligados por preposição	estrela-do-mar
• verbo + verbo	pisca-pisca
• verbo + nome	porta-chaves
• palavra invariável + nome ou adjetivo	vice-presidente

Português do Brasil *vs* Português Europeu

	Português do Brasil	Português Europeu
Uso do artigo com possessivos	*Nosso* hotel é muito central. **Minha** mãe é paulista.	*O nosso* hotel é muito central. **A minha** mãe é lisboeta.
estar + gerúndio *vs* *estar* + *a* + infinitivo	**Estou fazendo** um curso. Ele **está vendo** um filme.	**Estou a fazer** um curso. Ele **está a ver** um filme.
Posição dos pronomes (reflexos e de complemento)	Ana, *me* conta. Oi! Eu *me* chamo Edson. Ela *me* deu seu número.	Ana, conta-*me*. Olá! Eu chamo-*me* Edson. Ela deu-*me* o seu número.
Tratamento informal: uso de "você" em vez de "tu"	**Você** é francês?	**Tu és** francês?
ter vs *haver*	Esse paletó **tem** em preto e azul. **Tem** guaraná na geladeira?	Esse fato **há** em preto e azul. **Há** guaraná no frigorífico?
ir em vs *ir a*	**Vou em** Manaus.	**Vou a** Manaus.

Próximos, mas Diferentes

GLOSSÁRIO GRAMATICAL

VERBOS CONJUGADOS

A. Verbos regulares

Falar

TEMPOS	MODOS				
	Indicativo	Conjuntivo	Imperativo	Infinitivo Pessoal	Condicional
Presente	falo falas fala falamos falam	fale fales fale falemos falem	fala não fales (não) fale (não) falem	falar falares falar falarmos falarem	falaria falarias falaria falaríamos falariam
Pretérito perfeito simples	falei falaste falou falámos falaram				
Pretérito imperfeito	falava falavas falava falávamos falavam	falasse falasses falasse falássemos falassem			
Pretérito perfeito composto	tenho tens tem } falado temos têm				teria terias teria } falado teríamos teriam
Pretérito mais-que--perfeito composto	tinha tinhas tinha } falado tínhamos tinham	tivesse tivesses tivesse } falado tivéssemos tivessem			
Futuro	falarei falarás falará falaremos falarão	falar falares falar falarmos falarem			

FORMAS NOMINAIS		
Infinitivo Impessoal	Gerúndio	Particípio
falar	falando	falado

214 duzentos e catorze

Próximos, mas Diferentes

GLOSSÁRIO GRAMATICAL

Comer

TEMPOS	MODOS				
	Indicativo	Conjuntivo	Imperativo	Infinitivo Pessoal	Condicional
Presente	como comes come comemos comem	coma comas coma comamos comam	come não comas (não) coma (não) comam	comer comeres comer comermos comerem	comeria comerias comeria comeríamos comeriam
Pretérito perfeito simples	comi comeste comeu comemos comeram				
Pretérito imperfeito	comia comias comia comíamos comiam	comesse comesses comesse comêssemos comessem			
Pretérito perfeito composto	tenho tens tem temos têm } comido				teria terias teria teríamos teriam } comido
Pretérito mais-que--perfeito composto	tinha tinhas tinha tínhamos tinham } comido	tivesse tivesses tivesse tivéssemos tivessem } comido			
Futuro	comerei comerás comerá comeremos comerão	comer comeres comer comermos comerem			

FORMAS NOMINAIS		
Infinitivo Impessoal	Gerúndio	Particípio
comer	comendo	comido

Próximos, mas Diferentes

GLOSSÁRIO GRAMATICAL

Partir

TEMPOS	MODOS				
	Indicativo	Conjuntivo	Imperativo	Infinitivo Pessoal	Condicional
Presente	parto partes parte partimos partem	parta partas parta partamos partam	parte não partas (não) parta (não) partam	partir partires partir partirmos partirem	partiria partirias partiria partiríamos partiriam
Pretérito perfeito simples	parti partiste partiu partimos partiram				
Pretérito imperfeito	partia partias partia partíamos partiam	partisse partisses partisse partíssemos partissem			
Pretérito perfeito composto	tenho tens tem } partido temos têm				teria terias teria } partido teríamos teriam
Pretérito mais-que--perfeito composto	tinha tinhas tinha } partido tínhamos tinham	tivesse tivesses tivesse } partido tivéssemos tivessem			
Futuro	partirei partirás partirá partiremos partirão	partir partires partir partirmos partirem			

FORMAS NOMINAIS		
Infinitivo Impessoal	Gerúndio	Particípio
partir	partindo	partido

Próximos, mas Diferentes

GLOSSÁRIO GRAMATICAL

B. Verbos irregulares

Ser

TEMPOS	MODOS				
	Indicativo	Conjuntivo	Imperativo	Infinitivo Pessoal	Condicional
Presente	sou és é somos são	seja sejas seja sejamos sejam	sê não sejas (não) seja (não) sejam	ser seres ser sermos serem	seria serias seria seríamos seriam
Pretérito perfeito simples	fui foste foi fomos foram				
Pretérito imperfeito	era eras era éramos eram	fosse fosses fosse fôssemos fossem			
Pretérito perfeito composto	tenho tens tem temos têm } sido				teria terias teria teríamos teriam } sido
Pretérito mais-que-perfeito composto	tinha tinhas tinha tínhamos tinham } sido	tivesse tivesses tivesse tivéssemos tivessem } sido			
Futuro	serei serás será seremos serão	for fores for formos forem			

FORMAS NOMINAIS		
Infinitivo Impessoal	Gerúndio	Particípio
ser	sendo	sido

Próximos, mas Diferentes

GLOSSÁRIO GRAMATICAL

Ter

TEMPOS	MODOS				
	Indicativo	Conjuntivo	Imperativo	Infinitivo Pessoal	Condicional
Presente	tenho tens tem temos têm	tenha tenhas tenha tenhamos tenham	tem não tenhas (não) tenha (não) tenham	ter teres ter termos terem	teria terias teria teríamos teriam
Pretérito perfeito simples	tive tiveste teve tivemos tiveram				
Pretérito imperfeito	tinha tinhas tinha tínhamos tinham	tivesse tivesses tivesse tivéssemos tivessem			
Pretérito perfeito composto	tenho tens tem { tido temos têm				teria terias teria { tido teríamos teriam
Pretérito mais-que-perfeito composto	tinha tinhas tinha { tido tínhamos tinham	tivesse tivesses tivesse { tido tivéssemos tivessem			
Futuro	terei terás terá teremos terão	tiver tiveres tiver tivermos tiverem			

FORMAS NOMINAIS		
Infinitivo Impessoal	Gerúndio	Particípio
ter	tendo	tido

Próximos, mas Diferentes

GLOSSÁRIO GRAMATICAL

Estar

TEMPOS	MODOS				
	Indicativo	Conjuntivo	Imperativo	Infinitivo Pessoal	Condicional
Presente	estou estás está estamos estão	esteja estejas esteja estejamos estejam	está não estejas (não) esteja (não) estejam	estar estares estar estarmos estarem	estaria estarias estaria estaríamos estariam
Pretérito perfeito simples	estive estiveste esteve estivemos estiveram				
Pretérito imperfeito	estava estavas estava estávamos estavam	estivesse estivesses estivesse estivéssemos estivessem			
Pretérito perfeito composto	tenho tens tem temos têm } estado				teria terias teria teríamos teriam } estado
Pretérito mais-que--perfeito composto	tinha tinhas tinha tínhamos tinham } estado	tivesse tivesses tivesse tivéssemos tivessem } estado			
Futuro	estarei estarás estará estaremos estarão	estiver estiveres estiver estivermos estiverem			

FORMAS NOMINAIS		
Infinitivo Impessoal	Gerúndio	Particípio
estar	estando	estado

Próximos, mas Diferentes

GLOSSÁRIO GRAMATICAL

Conjugação na voz passiva
Ser avaliado

TEMPOS	MODOS				
	Indicativo	Conjuntivo	Imperativo	Infinitivo Pessoal	Condicional
Presente	sou / és / é / somos / são avaliado/a/os/as	seja / sejas / seja / sejamos / sejam avaliado/a/os/as	sê / não sejas / (não) seja / (não) seja / (não) sejam avaliado/a/os/as	ser / seres / ser / sermos / serem avaliado/a/os/as	seria / serias / seria / seríamos / seriam avaliado/a/os/as
Pretérito perfeito simples	fui / foste / foi / fomos / foram avaliado/a/os/as				
Pretérito imperfeito	era / eras / era / éramos / eram avaliado/a/os/as	fosse / fosses / fosse / fôssemos / fossem avaliado/a/os/as			
Pretérito perfeito composto	tenho / tens / tem / temos / têm sido avaliado/a/os/as				teria / terias / teria / teríamos / teriam sido avaliado/a/os/as
Pretérito mais-que-perfeito composto	tinha / tinhas / tinha / tínhamos / tinham sido avaliado/a/os/as	tivesse / tivesses / tivesse / tivéssemos / tivessem sido avaliado/a/os/as			
Futuro	serei / serás / será / seremos / serão avaliado/a/os/as	for / fores / for / formos / forem avaliado/a/os/as			

FORMAS NOMINAIS		
Infinitivo impessoal	Gerúndio	Particípio
ser avaliado/a	sendo avaliado/a	sido avaliado/a

Próximos, mas Diferentes

GLOSSÁRIO GRAMATICAL

Conjugação pronominal

Conjugação do verbo *comprar* com o pronome *o*

TEMPOS	MODOS				
	Indicativo	Conjuntivo	Imperativo	Infinitivo Pessoal	Condicional
Presente	compro-o compra-lo compra-o compramo-lo compram-no	o compre o compres o compre o compremos o comprem	compra-o não o compres compre-o não o compre comprem-no não o comprem	comprá-lo comprare-lo comprá-lo comprarmo-lo comprarem-no	comprá-lo-ia comprá-lo-ias comprá-lo-ia comprá-lo-íamos comprá-lo-iam
Pretérito perfeito simples	comprei-o compraste-o comprou-o comprámo-lo compraram-no				
Pretérito imperfeito	comprava-o comprava-lo comprava-o comprávamo-lo compravam-no	o comprasse o comprasses o comprasse o comprássemos o comprassem			
Pretérito perfeito composto	tenho-o tem-lo tem-no temo-lo têm-no } comprado				tê-lo-ia tê-lo-ias tê-lo-ia tê-lo-íamos tê-lo-iam } comprado
Pretérito mais-que-perfeito composto	tinha-o tinha-lo tinha-o tínhamo-lo tinham-no } comprado	o tivesse o tivesses o tivesse o tivéssemos o tivessem } comprado			
Futuro	comprá-lo-ei comprá-lo-ás comprá-lo-á comprá-lo-emos comprá-lo-ão	o comprar o comprares o comprar o comprarmos o comprarem			

FORMAS NOMINAIS	
Infinitivo Impessoal	Gerúndio
comprá-lo	comprando-o

Transcrições

0 Bem-vindo!

Itinerário

17.

1.
Apesar de não ter muitos problemas com o vocabulário, sinto-me inseguro por causa da gramática. Embora já esteja no nível avançado, continuo a ter problemas com os tempos dos verbos. Não me sinto à vontade com o conjuntivo e ainda não sei onde devo colocar os pronomes. Custa-me pronunciar alguns sons.

2.
Quando comecei a estudar português, estava muito confiante. Parecia muito fácil e eu só queria avançar o mais depressa possível. Agora, não sou capaz de falar corretamente devido à interferência do espanhol e também tenho medo de dar erros quando escrevo. Além disso, não é fácil compreender as pessoas fora da escola. Quando me fazem perguntas, fico bloqueada e nervosa.

1 Ser português é...

Itinerário

32.

Qual é o peso da fé católica em Portugal?

Olhe, de acordo com uma sondagem que li, 96% dos portugueses afirmam ser católicos, mas só metade se considera praticante, ou seja, não vão à missa, não comungam nem se confessam. Como se sabe, muitos dos que se casam pela igreja fazem-no mais pela cerimónia do que por uma questão religiosa.

Os portugueses são liberais?

Em geral, penso que a sociedade portuguesa ainda é muito conservadora. No entanto, hoje em dia, já não se comenta tanto, por exemplo, o facto de um casal viver na mesma casa sem papel passado. É evidente que, vivendo num país católico, fomos programados para viver de acordo com certos valores. Como tal, não é de estranhar certas atitudes mais conservadoras, sobretudo nos meios pequenos.

Concorda?

Absolutamente. Aliás, isso viu-se aquando do debate sobre a legalização do aborto e da polémica que se gerou em torno da legalização do casamento entre pessoas do mesmo sexo. Quanto a mim, devemos acompanhar o avançar dos tempos e ultrapassar certos tabus. "Mudam-se os tempos, mudam-se as vontades", como se costuma dizer.

Os portugueses são sociais?

Sem querer generalizar, acho que somos mais sociais do que outros povos. Passamos muito tempo em família, gostamos de jantaradas e de fazer petiscos com os amigos. No entanto, também temos um lado menos bom. Não somos capazes de dizer um "não" redondo a alguém, mas, por vezes, desiludimos as pessoas porque não cumprimos o que prometemos.

Os portugueses são resignados?

Não sei se resignados será a palavra certa. Eu diria que somos comodistas. A verdade é que existe uma tendência para nos queixarmos em vez de procurarmos soluções. Também somos muito pródigos em "deixar andar". Como vivemos numa sociedade demasiado burocratizada, servimo-nos disso para nos defendermos por incumprimento de prazos ou por falta de organização.

2 A praxe é dura, mas é a praxe!

Itinerário

24.
Esta apresentação tem como cerne o sistema educativo em Portugal. Primeiro, começaremos por descrever a estrutura do sistema, passaremos depois à caracterização dos diferentes ciclos de estudos e finalizaremos com o ensino superior.

Como podem observar no quadro, o sistema educativo português engloba quatro ciclos de estudos: a educação pré-escolar, o ensino básico, o ensino secundário e o ensino universitário. A educação pré-escolar é facultativa, mas o ensino básico é de frequência obrigatória. Tem a duração de nove anos e compreende o 1º, o 2º e o 3º ciclos.

Concluído o ensino básico, o aluno pode optar entre diferentes cursos, que têm a duração de três anos. Para os que tencionam continuar os estudos até a um nível superior, existem os cursos científico-humanísticos. Os que não querem seguir o ensino convencional e preferem cursos mais orientados para o mercado de trabalho enveredam pelos cursos tecnológicos, artísticos e profissionais. A conclusão destes cursos confere um diploma de ensino secundário e um certificado de qualificação profissional de nível 3 que permite o ingresso nos cursos de especialização tecnológica de nível 4 e o acesso ao ensino superior.

Os CET são cursos de formação pós-secundária não superior com a duração de um ou dois anos. A aprovação num CET confere um diploma de especialização tecnológica que dá acesso a um certificado de aptidão profissional. Para se poderem candidatar a estes cursos, os alunos devem ter o 9º ano.

26.
O ensino superior engloba o ensino universitário e o ensino politécnico que são administrados por instituições públicas e privadas. A obtenção dos títulos de licenciado, mestre e doutor só é possível no ensino universitário, uma vez que o ensino politécnico não inclui programas de doutoramento.

Para se candidatarem ao ensino superior, os alunos devem concluir o ensino secundário ou ter uma qualificação equivalente, realizar exames de admissão e satisfazer os pré-requisitos do curso que pretendem frequentar.

Quem tiver mais de 23 anos e não tiver concluído o ensino secundário, também se poderá candidatar mediante a realização de provas de aptidão e entrevistas.

3 Portugal em Festas.

Itinerário

19.
Sara: Viste o cartaz da Festa dos Tabuleiros? Já está *online*.
Vera: Não, ainda não vi.
Sara: Ora, deixa cá ver a programação. No dia 3 de julho, é o Cortejo dos Rapazes, no dia 8, o Cortejo do Mordomo e a abertura das ruas ornamentadas, no dia 9, são os cortejos parciais e o Grande Cortejo será no dia 10. Mas que diferenças há entre os cortejos?
Vera: O Cortejo dos Rapazes é uma imitação do Cortejo dos Tabuleiros, mas só com crianças vestidas a preceito. O Cortejo do Mordomo consiste num desfile de bois e de charretes onde vão os mordomos e os cavaleiros. Nos parciais, participam pessoas de diferentes freguesias.
Sara: É incrível como conseguem transportar aqueles tabuleiros à cabeça.
Vera: Pois, não é fácil. Cada tabuleiro leva trinta pães e tem de ser da altura de quem os transporta. São verdadeiras obras-primas, todos enfeitados de flores.
Sara: É uma pena que esta festa só seja feita de quatro em quatro anos.
Vera: Dá muito trabalho. Imagina o que é ornamentar todas aquelas ruas com flores, preparar os tabuleiros e mover tanta gente para ir a Tomar. E o Bodo não é referido no cartaz?
Sara: Sim, está aqui no último dia. O que é o Bodo?
Vera: Consiste na distribuição de pão e vinho pelos pobres. É uma tradição muito antiga com a qual se encerra a festa.

21.

Texto A
A **Festa do Senhor Santo Cristo dos Milagres** tem lugar no **quinto domingo após a Páscoa**, na ilha de São Miguel, na cidade de Ponta Delgada.
A esta festa afluem **milhares de peregrinos** que seguem a passagem da **imagem do Senhor** na solene **procissão** que, durante cerca de três horas, percorre **a cidade** por ruas **atapetadas de flores**.

Texto B
As Festas **do Divino Espírito Santo** realizam-se por todo o arquipélago. As celebrações começam a partir do **domingo de Pentecostes** e prosseguem durante vários domingos.
Embora difiram de ilha para ilha, partilham o momento da **Grande Coroação** e as típicas **"Sopas do Império"** que são distribuídas pela população.
As festas terminam com as famosas **"touradas à corda"**: vários homens manobram o touro com **uma corda**, enquanto este persegue os populares mais afoitos.

4 Rumos.

Itinerário

25.
Os meus avós maternos e paternos vieram para a Holanda nos anos 70. Sempre viveram em Roterdão, onde os meus pais se conheceram. Sempre tive uma ligação muito forte com Portugal, mas não com o português. Quando era mais novo, aborrecia-me ir às aulas, porque eram ao sábado.
De Portugal só conheço Pedrógão Grande, Viseu e pouco mais. Era lá que costumávamos passar as férias de verão, em casa de uns primos.
A minha mãe e a minha irmã fazem parte do rancho folclórico e têm atuado na Holanda, na Alemanha e na Bélgica.
De vez em quando, vou até à associação portuguesa: juntamo-nos lá para ver futebol e organizar as nossas festas. É costume celebrarmos o 10 de junho com tudo o que é devido: muita comida e bebida, guitarradas e fados. Apesar de não serem coisas que me digam muito, gosto de participar pelo convívio.

26.
Vim com o meu marido para Portugal há seis anos, porque queríamos mudar de vida. Foi uma luta, passámos por muita coisa difícil. A certa altura, as coisas começaram a ficar muito complicadas. Trabalhei como empregada doméstica, mas nunca tive um trabalho certo. Era paga ao dia pelos serviços que fazia. O meu marido deu aulas de capoeira e trabalhou num restaurante. Quando não lhe renovaram o contrato, deixou de haver um rendimento certo. Começámos a passar dificuldades, porque o que tínhamos quase não chegava para pagar a renda da casa, a água, o gás e a luz. Foi muito bom conhecer Portugal, mas está na hora de voltar para o Brasil.

Transcrições

5 Oxalá pudesse ir contigo para os Açores!

Itinerário

22.
A: Projeto Encruzilhada, boa-tarde.
B: Boa-tarde. O meu nome é Paulo Costa. Estou a falar da parte de Vítor Pinto. É possível falar com o Dr. Gustavo Silva?
A: O Dr. Gustavo encontra-se numa reunião. Quer deixar alguma mensagem?
B: Sim. Transmita-lhe, por favor, que liguei e que ele logo que possa entre em contacto comigo.
A: Fique descansado que eu digo-lhe.
B: Obrigado e boa-tarde.
A: Boa-tarde.

6 Até que a morte nos separe?

Itinerário

27.

Diálogo 1
Bruno: Ana, o jantar já está pronto?
Ana: Isso pergunto-te eu a ti. Hoje era a tua vez, lembras-te?
Bruno: Estou tão cansado, amorzinho. Não podes fazer uma coisinha rápida?
Ana: Posso fazer tão bem como tu.
Bruno: Mas ontem fui eu que fui às compras, querida.
Ana: Pois foste, enquanto eu tratava da roupa que tu mais uma vez não quiseste passar.
Bruno: Vá lá, não sejas assim. Faz lá o jantarinho...
Ana: Será que não percebes que tenho outras coisas para fazer?
Bruno: Não conheço nenhuma mulher tão complicada como tu.
Ana: Até parece! Olha, a tua irmã é bem pior do que eu. Não mexe uma palha em casa.
Bruno: Lá estás tu com comparações.
Ana: Devo estar a dizer alguma mentira, queres ver?
Bruno: Bem, a conversa já está a ir longe demais.

Diálogo 2
Lara: Logo à noite, chego tarde.
Luís: Que novidade...
Lara: O que é que queres dizer com isso?
Luís: Não te faças de desentendida. Esta semana, só jantaste em casa uma vez e amanhã já é sexta.
Lara: O que é que tu queres que eu faça? Estou cheia de trabalho.
Luís: Trabalho? Na segunda e na terça saíste cedo, mas chegaste às tantas.
Lara: Pois cheguei. Na segunda, tive um jantar e na terça, fui ao ginásio.
Luís: Não me casei para passar as noites à tua espera.
Lara: Querido, tens de compreender que estamos a passar por uma fase difícil lá na empresa e...
Luís: Tens sempre uma desculpa para tudo...
Lara: Bem, mas será que não podemos passar um dia sem discutir? Que coisa!

7 Notícias de Angola.

Tudo a Postos?

4.

Notícia 1
Paulo Flores dará um concerto no dia 16, em Luanda, no Espaço Elinga, com o objetivo de apresentar o projeto "Raiz da Alma", que reúne clássicos da música popular angolana. Flores partilhará o palco com alguns instrumentistas de renome e um grupo de música folclórica.

Notícia 2
Foi hoje lançado um projeto de apoio à agricultura urbana de Luanda com vista a promover a atividade agrícola em zonas com grandes potencialidades, mas sem os meios necessários para as rentabilizar. Os destinatários do projeto são 2200 pequenos produtores. Pretende-se combater o elevado índice de desemprego na capital, resolver o problema da escassez de alimentos e de água potável.

Notícia 3
O governo angolano anunciou ontem a construção de novas urbanizações nas províncias de Luanda, Cabinda, Lunda-Norte e Kuando-Kibango. A rede rodoviária do país também será reabilitada, dando-se prioridade às vias que ligam as capitais das províncias. Estas medidas inserem-se no plano nacional de urbanismo que visa a criação de infraestruturas, de modo a descentralizar os serviços administrativos, acabar com o congestionamento das grandes cidades e proporcionar uma melhor qualidade de vida à população.

Notícia 4
Os Palancas Negras perderam ontem por 2-1 com a Zâmbia, ficando afastados da Taça de África das Nações. A seleção angolana sofreu o primeiro golo aos 35 minutos da primeira parte. Apesar de uma defesa débil, a igualdade no marcador surgiria pouco antes do intervalo graças à marcação bem sucedida de uma grande penalidade. Na segunda parte, a Zâmbia aumentou a vantagem para 2-1 numa jogada de contra-ataque que surpreendeu a defesa e bateu o guarda-redes angolano.

Entre Nós

17.
Os angolanos gostam de passar as férias em Angola, preferindo a cidade à praia e ao campo. Com o CAN e a realização do Campeonato do Mundo de Futebol na África do Sul, o futebol tornou-se ainda mais popular.

À falta de uma boa farra, a televisão é o meio escolhido por 93% da população para passar o tempo. Quanto a leituras, os jornais diários são os mais lidos, seguidos dos desportivos e dos económicos. No topo da lista das revistas mais compradas, encontram-se as revistas sobre a sociedade, seguidas pelos guiões de televisão e pelas publicações especializadas.
No que toca às compras, as escolhas cabem às mulheres, embora sejam os homens que tenham um rendimento mais alto. De casa para o supermercado, os angolanos recorrem aos serviços dos candongueiros.

19.
Os canais públicos TPA 1 e TPA 2 são os mais vistos por aqui. A programação é variada, incluindo filmes, telenovelas, séries nacionais, programas de entretenimento e de educação cívica. Os telejornais são os programas de maior audiência e compreende-se porquê. Passam bastantes reportagens em que auscultam a opinião da população e peças com as quais se pretende sensibilizar o telespetador para temas como a higiene bucal ou a vacinação. A educação cívica também dá o mote a alguns anúncios em que se pretende reduzir a delinquência juvenil, responsabilizar a população em geral e alertar para assuntos tão diversos como a necessidade de vacinação dos animais ou a prevenção da SIDA. Tal como em Portugal, as telenovelas e os programas de entretenimento são muito apreciados. Na TPA 2, por exemplo, também existe um programa de música que aposta num registo jovem e conta com a participação dos telespetadores que votam nos seus vídeoclips favoritos via SMS ou *email*. A grelha da programação da TV Zimbo é mais generalista, cruzando a produção nacional com algumas séries estrangeiras que também passam em Portugal.

Itinerário

25.
Angola é o segundo maior produtor de petróleo da África subsariana, liderando, inclusivamente, as importações chinesas de crude. Rico em recursos minerais, como ferro, ouro e manganês, o país está entre os maiores produtores de diamantes do mundo.
Embora tenha extensas áreas de terras férteis e bacias hidrográficas consideráveis, a produção agrícola angolana não consegue dar resposta às necessidades da população, o que soma às importações de todo o tipo de bens e de maquinaria, encarecendo os produtos.

26.
O mercado angolano é estratégico para negócios e o governo tem políticas económicas ambiciosas e credíveis. As oportunidades são inúmeras, contemplando setores tão diversificados como a construção, os serviços, o comércio, as telecomunicações ou a exploração e a extração de gás natural.
O plano de reconstrução nacional passa pelo investimento na oferta hoteleira mediante a construção de condomínios, hotéis e de urbanizações. O setor imobiliário, área em que a minha empresa opera, está em franca expansão, tendo sido essa a razão pela qual decidimos vir até cá e participar na Feira de Imobiliário.

28.
Chama-se Maria e nasceu no capim, ou seja, no mato. Não sabe ao certo a idade. A guerra deixou-a órfã. Da família restaram-lhe uns primos com quem vive num dos bairros mais pobres de Luanda. Maria levanta-se antes de o sol nascer, pega no filho que ainda amamenta e ruma até um barracão onde se encontra com outras zungueiras para se preparar para a venda. Desde maçãs a bananas, passando por roupa e outros afins, Maria carrega o filho às costas e almeja amealhar alguns kwanzas, isto se a polícia não chegar e lhe levar o que o negócio granjeou.

29.
Tal como muitas outras mulheres angolanas, Maria sofreu na pele os efeitos da guerra civil que assolou o país entre 1975 e 2002, logo após a Declaração da Independência, e que desalojou, separou e dizimou famílias. Nesse período, a mulher angolana não foi só mãe, esposa ou viúva. Aprendeu a pegar em armas e foi obrigada a usá-las.

8 É golo!

Cofre de Sons e Letras

24.
1. É golo!
2. Que desilusão...
3. Grande jogo!
4. A quanto está o jogo?
5. Passa! Passa!
6. Antunes corre pelo flanco esquerdo, passa a Rodrigo e falta de Pedro Gomes!
7. Grande jogada de Vasco Pereira!
8. Parece que o número 7 não está muito inspirado hoje.
9. Cruza! Cruza!
10. Toma balanço e golo!

Itinerário

26.
O capitão dá o pontapé de saída.
Peres adianta a bola, engana o número 8 e goloooooooo! Peres abre assim o ativo aos 15 minutos da primeira parte.
O ataque venenoso do número 7 aumenta a vantagem da equipa da casa para 2 a 0.
O treinador vai ser obrigado a queimar a última substituição a 10 minutos do final da partida.
O árbitro autoriza a marcação do livre a 1 minuto do apito final.
Artur bateu sem resultados.
Os dois golos sofridos foram culpa do guarda-redes.

Transcrições

9 Oi! Tudo bem?

Entre Nós

20.

Texto A
No século XVII, os escravos fugitivos formaram quilombos, comunidades escondidas no mato, onde aperfeiçoaram técnicas de luta que pretendiam usar para alcançar a liberdade.
Nas fazendas, contudo, os intuitos da capoeira eram encobertos, apresentando-a aos senhores das terras como uma dança inocente. Nas matas, porém, essa dança tornava-se, por vezes, numa luta mortal entre os escravos em fuga e os capitães do mato.
Apesar de ter sido proibida durante séculos, a capoeira continuou a ser praticada pela população mais pobre. No século XX, graças ao trabalho de Mestre Bimba e Mestre Pastinha, que fundaram a primeira escola de capoeira em Salvador da Bahia, o valor patrimonial desta dança foi finalmente reconhecido.

Texto B
Os escravos africanos trouxeram para o Brasil cultos religiosos que ainda hoje se mantêm. Entre esses cultos, destaca-se o candomblé que, embora seja praticado em vários estados, é particularmente importante na Bahia, onde existem mais de 2000 locais de culto, os chamados terreiros. É lá que se encontram as mães e os pais de santo que invocam os orixás, ou seja, divindades de origem africana como Iemanjá, mãe de todos os orixás e deusa do mar.

Cofre de Sons e Letras

22.
Prepare-se para uma grande aventura e venha descobrir o Nordeste brasileiro, a terra do sonho e do sertão. Com uma temperatura média de cerca de 30 ºC, Fortaleza é uma cidade que faz vibrar qualquer recém-chegado a terras brasileiras. Na verdade, os atrativos deste paraíso nordestino não se limitam a águas quentes, coqueirais ou a estrelas-do-mar. Deixe-se encantar pelo charme baiano.

Itinerário

24.
Ana: Qual é o teu prato favorito? Feijoada, aposto.
Frederico: Não, é moqueca capixaba. Tem essa ideia que os brasileiros comem feijoada a toda a hora, mas não é bem assim. A gastronomia brasileira varia muito de região para região e até de estado para estado.
Ana: Isso tem a ver com os costumes de cada região?
Frederico: E com a influência das culturas indígena, africana, portuguesa e italiana. No Norte, destaca-se a influência indígena, no Nordeste, a africana e, no Sul, a europeia.
Ana: Em suma, os pratos brasileiros são o resultado de uma fusão de várias culturas.
Frederico: É...
Ana: Quais são os acompanhamentos mais frequentes?
Frederico: Em geral, usa-se muito a mandioca, o feijão e o arroz. Outra coisa interessante são as variações no nome dos ingredientes. Por exemplo, a mandioca no Sudeste é conhecida como aipim, mas no Norte é macaxeira. Dê só uma olhada no cardápio nacional que eu preparei para você.

26.
Ana: Esta ementa é um enigma. Vejo aqui tacacá, tucupi... São pratos de origem indígena?
Frederico: São. O tucupi é um líquido que se tira da mandioca e que se mistura com uma verdura chamada jambu para fazer o caldo onde se coloca o pato. O tucupi e o jambu também são a base do tacacá, que é um caldo que se toma muito quente.
Ana: O que é o pirarucu?
Frederico: É um peixe típico da Amazónia e é preparado com azeitonas, ovos e cheiro-verde.
Ana: Quando fui ao Nordeste comi acarajé, vatapá e moqueca baiana, mas não provei nenhum destes pratos que incluíste na ementa.
Frederico: Deixa eu te explicar. Você tem vários pratos de carne: o Baião de Dois, que leva arroz, feijão, carne seca e manteiga; o Sarapatel, de origem portuguesa, que é feito com vários tipos de carne; a Buchada de Bode e o Rubacão.
Ana: Olha lá, o pacu não é um marisco?
Frederico: Não, é um peixe. Na região Centro-Oeste, o peixe frito, assado ou recheado com farinha de mandioca é muito apreciado. Claro que também tem pratos de carne muito gostosos como Maria Isabel, que é feito com carne seca e arroz.
Ana: O que é o macarrão boiadeiro?
Frederico: O macarrão boiadeiro é uma espécie de sopa, com pouco caldo. É muito popular em Mato Grosso do Sul.
Ana: Passando agora à região Sudeste, vejo aqui a feijoada carioca, que é sobejamente conhecida, mas o que é o Tutu?
Frederico: O Tutu é feito com feijão, toicinho e linguiça.
Ana: O que é o Virado à Paulista?
Frederico: O Virado à Paulista é uma referência no Estado de São Paulo. É feito com carne de porco, couve, arroz e massa de feijão com farinha de mandioca.
Ana: Eu sei que a carne é muito apreciada na região Sul. O que é que leva o Barreado?
Frederico: O Barreado é típico do estado do Paraná. É um prato de carne cozida em panela de barro que acompanha com farinha de mandioca. Também tem o Marreco, muito popular no estado de Santa Catarina. É um prato de

Ana: origem alemã.
Ana: Bem, já estou cheia de fome. Está na hora da nossa moqueca capixaba! Passa-me aí a receita.

10 Em cartaz.

Entre Nós

18.

Texto A
Gosto de ir ao Festival de Paredes de Coura, porque alia bandas da velha guarda com outras mais atuais. Costumo ir de comboio do Porto para Valença do Minho. À chegada, apanho um autocarro.
Há quem não goste de acampar no recinto, mas, para mim, isso faz parte do espírito deste festival.
Para os que não conhecem a gastronomia minhota, o festival é um bom pretexto para o fazer. Dos pratos de bacalhau aos rojões, passando pelos doces, a escolha é variada.

Texto B
Tanto pode chegar a Sines de carro como de autocarro. O terminal fica a cerca de 300 metros do Castelo de Sines, onde se vão realizar os concertos. É conveniente reservar um quarto com antecedência ou então optar pelo parque de campismo. Lá, nada melhor do que um bom peixe fresco. Ali mesmo ao lado, tem Porto Covo e a ilha do Pessegueiro. É só apanhar o barco.

Texto C
Embora se possa chegar lá de autocarro, recomendo o comboio até à Funcheira, cuja ligação à Zambujeira do Mar é assegurada por autocarros. Ficar acampado no recinto é incómodo para os que gostam de descansar. É preferível procurar uma residencial ou um parque de campismo nas imediações.
Um bom peixe grelhado ou um arroz de tamboril são imperdíveis. Se estiver de carro, dê uma volta pela costa alentejana. Vale a pena.

Texto D
De Lisboa para o Meco, o ideal é ir de carro. Em menos de uma hora, põe-se lá.
Se tal não for possível, o melhor é apanhar o comboio até à estação de Coina e depois o autocarro para o Meco. A oferta hoteleira na zona é escassa, por isso, o melhor é ficar no parque de campismo. O Meco tem bons restaurantes, incluindo um só de petiscos.

Cofre de Sons e Letras

22.
irrepreensível
improvável
desativado
inigualável
desilusão
desabitado
inesperado
inesquecível

Itinerário

23.
Frederico: Ontem fui *numa* Casa de Fados no Bairro Alto.
Ana: Gostaste?
Frederico: Se gostei! Até fiquei arrepiado quando comecei a ouvir os fadistas. O ambiente também ajudou. Estávamos em silêncio e à *média-luz*.
Ana: Eram fadistas amadores ou profissionais?
Frederico: A fadista devia ser profissional. Estava toda vestida de preto com um xaile pelas costas e cantava de olhos fechados. Só tive pena de não perceber tudo o que ela dizia. Ouvi várias vezes as palavras coração, lágrima, pena, amor, alma...
Ana: Então, compreendeste as palavras-chave. O fado de Lisboa é isso mesmo. Fala-nos de solidão, tristeza, saudade, amores traídos ou não correspondidos.
Frederico: Porque você disse fado de Lisboa? Também existe fado do Porto?
Ana: Não. Eu explico-te. Em Portugal, existem duas grandes variantes de fado: o de Lisboa e o de Coimbra. Esse é cantado por estudantes de capa e batina negras.
Frederico: E os estudantes também cantam a tristeza?
Ana: Cantam, mas de outra forma. As letras do fado de Coimbra centram-se mais na vida estudantil e na própria cidade. Olha, tens de lá ir na altura da Queima das Fitas. A noite da Serenata à porta da Sé Velha é inesquecível.

24.
Em 1979, um menino de apenas 12 anos surpreende tudo e todos na "Grande Noite do Fado", ficando em primeiro lugar na categoria da melhor voz masculina. Estava dado o primeiro passo para que o talento de Camané se viesse a inscrever na galeria dos fadistas portugueses mais prestigiados.
Entre 1998 e 2009, editou seis álbuns, tendo sido galardoado por alguns deles: "Esta coisa da Alma" e "Pelo Dia Dentro" valeram-lhe o Disco de Prata e com "Camané – Como Sempre... Como Dantes" e "Sempre De Mim" obteve o Disco de Ouro.

Lista de Faixas Áudio

Faixa	Atividade	Faixa	Atividade	Faixa	Atividade
1.	Título da obra				
Unidade 0		**Unidade 4**		**Unidade 8**	
2.	(título)	30.	(título)	58.	(título)
3.	3. A.	31.	2.	59.	4. Texto A
4.	3. B.	32.	21.	60.	Texto B
5.	3. C.	33.	23.	61.	Texto C
6.	17. 1. / 18.	34.	25.	62.	22.
7.	17. 2. / 18.	35.	26.	63.	23.
				64.	24.
				65.	26.
Unidade 1		**Unidade 5**			
8.	(título)	36.	(título)	**Unidade 9**	
9.	1.	37.	3.	66.	(título)
10.	5.	38.	21.	67.	2. Texto A
11.	29.	39.	22. / 23.	68.	Texto B
12.	32. (partes 1/2)			69.	Texto C
13.	(parte 3)	**Unidade 6**		70.	15. Diálogo 1
14.	(parte 4)	40.	(título)	71.	Diálogo 2
15.	(parte 5)	41.	3.	72.	20. Texto A
		42.	22.	73.	Texto B
Unidade 2		43.	23.	74.	22.
16.	(título)	44.	25.	75.	24.
17.	2. / 3.	45.	27. Diálogo 1 / 28.	76.	26.
18.	20.	46.	Diálogo 2 / 28.		
19.	22.			**Unidade 10**	
20.	24.	**Unidade 7**		77.	(título)
21.	26.	47.	(título)	78.	2.
		48.	4. Notícia 1	79.	18. Texto A
Unidade 3		49.	Notícia 2	80.	Texto B
22.	(título)	50.	Notícia 3	81.	Texto C
23.	4. Notícia 1	51.	Notícia 4	82.	Texto D
24.	Notícia 2	52.	17.	83.	22.
25.	Notícia 3	53.	19.	84.	23.
26.	17.	54.	25.	85.	24.
27.	19.	55.	26.		
28.	21. Texto A	56.	28.		
29.	Texto B	57.	29.		